ÉLÉMENTS

DE NOTRE

ORGANISATION GOUVERNEMENTALE

ADMINISTRATIVE ET JUDICIAIRE.

Imprimerie Dondey-Dupré, rue Saint-Louis, 46, au Marais.

ÉLÉMENTS

DE NOTRE

ORGANISATION

GOUVERNEMENTALE

ADMINISTRATIVE ET JUDICIAIRE,

PAR

M. COFFINIÈRES,

Ancien Membre du Conseil général de Seine-et-Oise, Avocat à la Cour d'appel de Paris, Chevalier de la Légion d'honneur.

PARIS.

SIMON, ÉDITEUR, RUE DE SAVOIE, 12.

1850

ÉLÉMENTS

DE NOTRE

ORGANISATION GOUVERNEMENTALE,

ADMINISTRATIVE ET JUDICIAIRE.

INTRODUCTION.

Tous les bons esprits sont depuis longtemps convaincus, comme moi, qu'il y a une lacune à remplir dans l'instruction des classes industrielles et agricoles. Une ignorance complète de notre organisation gouvernementale, administrative et judiciaire, les livre à la merci de ces demi-savants, dont les conseils sont quelquefois si funestes.

La même lacune existe dans l'instruction scientifique et littéraire de nos colléges : aussi voit-on fréquemment des hommes distingués par leur éducation, incapables de se diriger eux-mêmes, dans les circonstances ordinaires où l'on doit recourir, soit à l'Administration, soit aux tribunaux.

C'est pour qu'ils en profitent quand ils deviennent hommes, que nous devons donner à nos enfants des connaissances plus ou moins étendues, mais qui puissent surtout être utiles dans leur application.

Celui qui entre dans une association quelconque doit en connaître l'organisation et les statuts. Un Etat est une grande association, dans laquelle chacun a des devoirs à remplir et des droits à exercer. Pour qu'elle fonctionne d'une manière satisfaisante, il faut préparer tous les citoyens à l'exercice de leurs droits et à la pratique de leurs devoirs. Le meilleur moyen d'atteindre un tel but, c'est de les familiariser de bonne heure avec les éléments de notre organisation sociale.

Les jeunes enfants des Hébreux apprenaient à lire dans le livre de la loi; et la plupart des Français, aptes à tous les actes de la vie civile, ne connaissent ni les institutions ni les lois qui les régissent.

Pour que le suffrage universel devienne partout l'expression libre d'une volonté éclairée, répandons l'instruction dans nos villes et dans nos campagnes : non cette instruction bâtarde qui ne fait que des demi-savants, restant avec dégoût dans la position où le ciel les a placés, et ne pouvant s'élever à une position supérieure, mais cette instruction élémentaire appropriée à tous, parce qu'elle n'embrasse que ce que chacun est tenu de savoir.

Appelé à nommer des fonctionnaires publics, des administrateurs à divers degrés, des membres de l'Assemblée nationale, le simple citoyen doit connaître la mission qu'ils ont à remplir, afin de porter son choix sur des personnes qui, par leurs lumières et leur intégrité, sont les plus dignes de la confiance publique.

Il doit aussi savoir quelles sont les attributions spéciales des magistrats et des chefs de l'Administration, auprès desquels il pourra avoir à défendre ses droits, ou à porter de justes réclamations.

Enfin, de grands principes servent de base à notre Gouvernement ; mais il est facile de les dénaturer, par une interprétation fausse ou même dangereuse. Cherchons à préserver nos concitoyens des erreurs de l'ignorance, et surtout des déceptions de la mauvaise foi, en déposant dans leur esprit le germe de quelques idées claires et saines.

J'avais d'abord songé à composer un ouvrage que je considérais comme le complément indispensable de l'instruction primaire, et qui ne contiendrait qu'un petit nombre de leçons ; mais je n'aurais pas atteint mon but. J'ai reconnu bientôt que le sujet était trop vaste pour être épuisé dans le cours des premières études, presque toujours interrompues, au moment où l'intelligence des enfants commence à se développer.

Une réflexion m'a cependant déterminé à remplir le cadre que je m'étais tracé, afin de rendre complet un ouvrage que je crois utile.

L'écolier n'apprend pas tout ce qu'il doit savoir chez l'instituteur primaire. Les colléges s'ouvrent ensuite pour les enfants des villes, et les classes d'adultes pour les enfants du village. Il y a aussi pour les habitants de nos campagnes ces longues soirées d'hiver, qui ne sont pas toujours perdues pour l'instruction.

Eh bien, le jeune homme et l'homme fait achèveront d'apprendre ce que l'enfant aura commencé à étudier.

L'ouvrage est divisé en quatre parties, dont chacune est composée de plusieurs leçons, de sorte que l'instituteur primaire pourra, suivant l'intelligence de ses élèves, se borner à la première ou aux deux premières parties.

Dans les écoles secondaires et dans les colléges, un jour par semaine, pendant la dernière année scolaire, suffira pour initier complétement les élèves dans la connaissance de notre organisation gouvernementale, administrative et judiciaire.

Je n'ai pas écrit pour les savants, mais pour ceux qui ont besoin d'apprendre. Mettre à la portée de tous ce que tous doivent savoir m'a paru une tâche assez utile pour essayer de l'entreprendre.

PREMIÈRE PARTIE.

DES GOUVERNEMENTS EN GÉNÉRAL. — ORGANISATION DU GOUVERNEMENT DE LA FRANCE. — PRINCIPES QUI SERVENT DE BASE A NOTRE CONSTITUTION.

PREMIÈRE LEÇON.

Des nations, du gouvernement et des lois.

Demande. Dites-nous ce qu'on appelle peuple ou nation ?

Réponse. C'est une nombreuse réunion d'hommes occupant un territoire limité, ayant un même gouvernement et soumis aux mêmes lois.

D. Qu'est-ce que le gouvernement ?

R. L'autorité souveraine à laquelle tous doivent obéissance.

D. Y a-t-il plusieurs espèces de gouvernements ?

R. Oui : le gouvernement monarchique proprement dit, dans lequel l'autorité réside tout entière dans la personne d'un chef désigné sous le titre de roi, d'empereur ou tout autre.

Le gouvernement monarchique constitutionnel, composé d'un souverain et d'une ou deux chambres.

Le gouvernement aristocratique, où l'autorité appartient à une certaine classe de citoyens.

Le gouvernement républicain démocratique, dans lequel le peuple exerce, par ses délégués ou représentants, l'autorité souveraine.

D. Qu'appelez-vous lois?

R. Les lois sont l'expression de la volonté souveraine, à laquelle chacun est tenu de se conformer.

D. A qui appartient-il de faire des lois?

R. Au chef de l'État ou à l'assemblée qui exerce l'autorité souveraine.

Ainsi, dans les états purement monarchiques les lois sont faites par le roi ou l'empereur.

Dans les monarchies constitutionnelles, le chef de l'état et les assemblées héréditaires ou électives participent à la confection des lois.

Dans les aristocraties, comme dans les républiques, les lois émanent de l'assemblée investie de la toute-puissance, par la délégation du peuple.

D. Les lois peuvent-elles être changées ou révoquées?

R. Oui, l'autorité qui a fait les lois peut toujours les remplacer par d'autres.

Cependant il est des lois d'une telle importance, par exemple, celles qui organisent la forme du gouvernement et qu'on appelle *chartes* ou *constitutions*, dont la modification ne peut avoir lieu que dans des formes et après des délais réglés d'avance.

D. Peut-on se dispenser d'exécuter une loi, sous le prétexte qu'elle serait injuste?

R. Non; car chacun prétendrait qu'une loi est injuste lorsqu'elle lèse son intérêt, et substituerait ainsi sa volonté à la volonté générale, ce qui rendrait tout gouvernement impossible.

Tant qu'elles n'ont pas été révoquées, les lois sont obligatoires pour tous, même pour le chef de l'état.

D. Qu'appelle-t-on code?

R. L'ensemble des lois classées et coordonnées sur une matière quelconque.

D. Quels sont les principaux codes français?

R. Le Code civil, qui est un recueil complet des prescriptions législatives sur les personnes, les biens et les diverses espèces de contrats;

Le Code de procédure, qui trace la marche à suivre dans les procès portés devant les tribunaux, et indique les divers modes d'exécution des jugements et des actes authentiques;

Le Code de commerce, dans lequel se trouvent toutes les dispositions législatives qui touchent au commerce, au négoce et à l'industrie;

Enfin le Code criminel et le Code d'instruction criminelle, qui déterminent les peines applicables aux crimes, délits et contraventions, ainsi que la procédure à suivre, devant les divers tribunaux chargés de les constater et de les réprimer.

DEUXIÈME LEÇON.

Gouvernement de la France. — Ses éléments d'après la constitution qui l'a fondé.

D. Quel est le gouvernement établi par la constitution du 4 novembre 1848?

R. La République démocratique.

D. Où réside l'autorité souveraine?

R. Dans la nation tout entière; dès lors, l'exercice de

la souveraineté ne saurait appartenir à un ou plusieurs citoyens.

D. Comment la nation exerce-t-elle la souveraineté ?

R. Par des mandataires de son choix, sous des conditions et dans des formes réglées d'avance par la constitution. La réunion de ces mandataires forme l'Assemblée nationale, dans laquelle réside l'exercice du pouvoir souverain.

D. De quelle manière sont élus les membres de cette Assemblée ?

R. A la majorité des suffrages, par un vote auquel tous les Français majeurs doivent concourir dans chaque département appelé à envoyer à l'Assemblée nationale, un nombre de membres fixé par la constitution.

D. L'Assemblée nationale peut-elle être dissoute ou prorogée ?

R. Non, par deux motifs : le premier, que le droit de dissoudre cette Assemblée ne pourrait appartenir qu'à un pouvoir supérieur au sien, et qu'un tel pouvoir n'existe pas ; le second, que si la souveraineté dont l'Assemblée nationale est investie cessait de fonctionner, il n'y aurait plus de gouvernement.

D. Quels sont les actes les plus importants de la souveraineté exercée par l'Assemblée nationale ?

R. La confection des lois et le vote de l'impôt.

D. Doit-on tirer de ce fait la conséquence, que l'obéissance aux lois et le payement de l'impôt sont un devoir auquel nul ne peut se soustraire ?

R. Oui sans doute ; car l'Assemblée nationale, représentant la nation qui l'a élue, on est fondé à dire que les citoyens ne font qu'obéir aux lois qu'ils ont faites, et acquitter les impôts qu'ils ont reconnus nécessaires aux besoins de l'État.

D. Quel est le nombre des membres de l'Assemblée nationale?

R. L'Assemblée chargée de rédiger la constitution, et que pour ce motif on a appelée constituante, se composait de 900 membres; s'il y a lieu de réviser la constitution, le même nombre de membres devra être appelé à l'Assemblée à laquelle sera confiée cette tâche. Mais pour l'Assemblée nationale législative, le nombre des représentants est fixé à 750.

D. Existe-t-il un premier fonctionnaire de l'État, en dehors de l'Assemblée nationale?

R. Oui, c'est le président de la République, chef du pouvoir exécutif.

D. Par qui et pour combien de temps est-il élu?

R. Ainsi que les membres de l'Assemblée nationale, le président de la République est nommé par le suffrage universel; avec cette différence toutefois, que les représentants sont les élus de leurs départements respectifs, tandis que le choix du président est le résultat d'un scrutin ouvert sur tous les points de la France.

D. Quelle est la durée des fonctions du président de la République?

R. Il est nommé pour quatre ans, et ne peut être réélu que lorsqu'il s'est écoulé un intervalle de quatre années depuis la cessation de ses fonctions.

D. Le président de la République exerce-t-il un pouvoir illimité?

R. Non, ses attributions se trouvent réglées par la constitution elle-même. Elles consistent principalement : 1° à faire présenter par les ministres des projets de loi à l'Assemblée nationale ; 2° à surveiller et assurer l'exécution des lois ; 3° à disposer de la force armée, sans pouvoir jamais la commander en personne ; 4° à négocier et ratifier les traités avec les puissances étrangères, sauf à les soumettre à l'approbation de l'Assemblée nationale.

D. Ceux qui exercent des fonctions publiques sont-ils responsables de leurs actes ?

R. Il ne saurait en être autrement. Tous les pouvoirs émanant du peuple, ceux qui en sont investis doivent être considérés comme des mandataires auxquels il n'est pas permis de dépasser les limites de leur mandat. Aussi les agents et dépositaires de l'autorité, les ministres, et le président de la République lui-même sont-ils responsables, chacun en ce qui le concerne, de tous les actes du gouvernement et de l'administration.

D. Outre l'Assemblée nationale, existe-t-il, en France, un grand corps qui participe à la confection des lois ?

R. Oui, c'est le Conseil d'État.

D. Quel est le nombre de ses membres et par qui sont-ils élus ?

R. Le Conseil d'État se compose de quarante conseillers, outre un certain nombre de maîtres de requêtes et d'auditeurs. Les conseillers d'État sont nommés par l'Assemblée nationale.

D. Quelles sont les principales attributions du Conseil d'état ?

R. Ces attributions sont de plusieurs espèces. Nous

n'indiquerons ici que celles qui se rattachent à l'action gouvernementale.

Le Conseil d'État participe à l'autorité législative, en ce que, sauf quelques exceptions peu nombreuses, il doit être consulté sur les projets de loi présentés par le gouvernement, et que la chambre elle-même peut renvoyer à son examen les projets qui émanent de l'initiative de ses membres.

Il prépare les règlements d'administration publique propres à assurer l'exécution des lois.

Enfin il exerce un pouvoir de contrôle et de surveillance sur les diverses branches de l'administration publique.

TROISIÈME LEÇON.

Principes qui doivent servir de base au gouvernement républicain. — Comment ils doivent être entendus. — Liberté, égalité.

D. Quelle est la devise de notre République ?

R. *Liberté, égalité, fraternité.*

D. Suffit-il qu'elle soit inscrite sur notre drapeau et sur les monuments publics ?

R. Non, c'est pour qu'elle se grave dans les cœurs, pour qu'on la mette en pratique, qu'elle a été ainsi exposée partout à nos regards.

D. Il est dès lors utile de bien comprendre ce que c'est que la liberté, l'égalité et la fraternité.

R. Oui, parce qu'une interprétation erronée ou malveillante peut dénaturer les meilleures choses.

D. Parlez-nous d'abord de la liberté ; est-elle un droit que nous confèrent les lois et les institutions sociales ?

R. Les lois et les institutions ne confèrent pas ici un droit, mais se bornent à proclamer son existence. En effet, les hommes naissent parfaitement libres : ils le sont, ils doivent l'être un peu moins, lorsqu'ils vivent en société.

D. Pourquoi les lois ne garantissent-elles pas aux citoyens une liberté absolue ?

R. Parce qu'elle serait incompatible avec l'existence d'une société quelconque. D'un côté, si chacun était le maître de faire tout ce qu'il veut, la loi qui est la règle commune à tous perdrait son autorité ; d'un autre côté, la liberté illimitée ne serait qu'un abus du fort contre le faible ; car celui-ci serait paralysé dans l'exercice de sa volonté, pour peu qu'elle contrariât la volonté de l'autre.

D. Quelles sont dès lors les limites qui doivent être assignées à la liberté, dans l'esprit de notre Constitution ?

R. L'intérêt des autres que chacun doit respecter, pour que l'on respecte le sien, et les dispositions de la loi à laquelle chacun est tenu de se conformer ; de sorte qu'on peut définir la liberté : le droit de faire tout ce qui ne nuit pas à autrui ou n'est pas défendu par la loi.

D. Si l'homme doit sacrifier une partie de sa liberté naturelle à la société dont il est membre, ne trouve-t-il pas l'équivalent d'un tel sacrifice dans les garanties que les lois lui accordent pour l'exercice de cette liberté ?

R. Oui, sans doute. Dans l'état de nature, l'homme faible cesse d'être libre, quand il se trouve en contact avec un homme plus fort que lui ; tandis que les lois protégeant tous les citoyens, nul ne pourrait s'opposer, par la force ou la violence, à l'exercice du droit qu'elles assurent à chacun.

D. La constitution n'a-t-elle fait aussi que proclamer un droit naturel, en consacrant l'égalité entre les citoyens ?

R. Ici, c'est précisément tout le contraire; et les institutions civiles ont voulu, en quelque sorte, corriger la nature. Il existe, en effet, de notables différences, non-seulement entre les espèces différentes d'animaux et de végétaux, mais encore entre les individus de la même espèce. Ces différences sont plus sensibles encore, relativement à l'homme qu'il faut apprécier, sous le double rapport de son organisation physique et morale.

Livré à lui-même, chacun serait porté à abuser de sa supériorité. Un tel abus ne saurait avoir lieu, ou du moins devrait aussitôt être réprimé, sous l'empire des lois qui protégent l'homme faible et timide contre l'homme fort et courageux.

D. N'existe-t-il pas aussi des inégalités sociales, comme des inégalités naturelles?

R. On ne saurait le méconnaître. La fortune, une éducation brillante sont le partage de quelques-uns ; tandis que beaucoup d'autres n'ont pour lot que la misère et l'ignorance.

D. La loi peut-elle faire disparaître ces inégalités?

R. Non ; mais en laissant à chacun sa position, elle a créé, au profit de tous, une égalité relative qui doit profiter surtout à ceux que le hasard et la fortune avaient le moins favorisés.

Elle dit au pauvre : Tu peux t'enrichir par l'ordre et

le travail ; à l'ignorant, des écoles sont ouvertes pour t'instruire : mais, en attendant, tu exerceras les mêmes droits que le riche et le savant ; comme lui, tu seras électeur, et même éligible ; en un mot, tu auras ta part de souveraineté dans notre ordre social.

D. Prouvez-nous, en comparant ce qui existait sous la monarchie absolue, et ce qui existe aujourd'hui, que l'égalité consacrée par la constitution républicaine n'est pas une fiction, mais constitue un véritable progrès social.

R. Autrefois, certaines classes de citoyens ne payaient pas d'impôts ; des tribunaux exceptionnels avaient été créés pour eux ; les emplois les plus importants de l'État leur appartenaient exclusivement.

Aujourd'hui, chacun contribue aux charges publiques, proportionnellement à sa fortune : la justice et la loi sont les mêmes pour tous ; enfin, la carrière des emplois est ouverte au dévouement et à l'intelligence des pauvres comme des riches.

D. Est-ce la seule égalité raisonnable que la loi pouvait établir, et qu'elle a établie en effet ?

R. Sans doute. L'égalité *absolue* ne saurait exister, pas plus dans la société que dans la nature. Il faudrait un miracle pour faire tout à coup un savant de celui qui n'a rien appris, comme un homme robuste de celui qui a une faible constitution.

Quant à l'égalité de fortune, on ne pourrait l'établir qu'en dépouillant le riche au profit du pauvre, c'est-à-dire, par une injustice.

D. En supposant même que l'égalité pût ainsi être établie entre les fortunes, au moyen d'une spoliation inique, cette égalité subsisterait-elle longtemps?

R. Non. L'égalité créée, en violation du droit sacré de la propriété, n'aurait pas une longue durée; tandis que les uns augmenteraient leurs richesses, par l'ordre et le travail, les autres tomberaient bientôt dans l'indigence, par la paresse et la dissipation; il faudrait procéder souvent à un nouveau partage, ce qui perpétuerait le désordre dans la société; d'autant que ce serait décourager l'émulation de ceux qui songent à leur avenir et à celui de leur famille.

D. En résultat, vous considérez comme immorale et impossible cette égalité absolue préconisée par certains écrivains.

R. Je dirai plus : ceux-là sont les ennemis du peuple, qui veulent le flatter, en lui présentant un système de partage ou de communauté, dont la réalisation est impossible; car, ceux qui possèdent ne consentiraient pas à se laisser dépouiller. Le travail et l'économie, voilà pour tous les véritables sources de la fortune. C'est ainsi que le pauvre, actif et intelligent, peut devenir riche à son tour.

QUATRIÈME LEÇON.

De la fraternité.

D. La constitution a pu garantir la liberté des citoyens et consacrer l'égalité entre tous : mais comment décréter la fraternité?

R. Il s'agit, en effet, ici d'un précepte de morale plus

que d'une prescription législative. Il était toutefois convenable que la constitution proclamât la fraternité, ne fût-ce que pour caractériser notre gouvernement nouveau, et pour ouvrir la voie dans laquelle il est urgent d'entrer.

D. La fraternité est donc, à vos yeux, une vertu civique, en même temps qu'une vertu religieuse?

R. On ne peut s'empêcher de lui reconnaître ce double caractère. Si les hommes sont frères aux yeux de Dieu, ils le sont aussi aux yeux de la patrie, qui est leur mère commune.

D. Quel est le système de gouvernement le plus propre à exciter le sentiment de la fraternité?

R. Ce sentiment tend à s'affaiblir sous les gouvernements qui consacrent des priviléges, et, conséquemment, des causes d'hostilité entre les diverses classes de citoyens; il doit, au contraire, se développer avec énergie sous une république, qui est le gouvernement de tous, dans l'intérêt de tous. Aussi n'hésitons-nous pas à dire, qu'il ne peut exister de république bonne et durable sans la fraternité.

D. Comment doit-elle être entendue et pratiquée?

R. Son but est surtout de faire disparaître, autant qu'il est possible, l'inégalité souvent affligeante qui existe dans notre société, et de seconder par une bienveillance active l'action toujours lente des lois et des institutions.

Chacun doit concourir à cette œuvre de régénération sociale. Que le riche donne du travail à l'indigent valide, et des secours au vieillard et à l'infirme qui ne peuvent travailler; que le savant instruise l'ignorant; que le médecin et l'avocat offrent gratuitement leur ministère aux pauvres; que le fonctionnaire public accorde une protection spéciale à ceux dont un homme riche ou puissant voudrait méconnaître les droits; que les ministres du culte aient des paroles d'espérance et de consolation pour toutes les misères humaines.

D. Comment la fraternité peut-elle produire ses fruits, et devenir un lien de concorde et de paix entre les enfants de la grande famille?

R. Il faut que ce sentiment se grave à la fois dans le cœur de celui qui donne et de celui qui reçoit; comme il s'agit, à l'égard du premier, d'une obligation morale à remplir, plutôt que d'une dette proprement dite à acquitter, il y aurait une inconvenance grave à solliciter l'assistance avec le ton de la menace et du commandement. Si la manière dont il est rendu double quelquefois le prix d'un service, il en est de même de la manière dont il est demandé et reçu.

D. Quel langage conviendrait-il de tenir aux riches et aux pauvres pour inspirer aux uns et aux autres le véritable sentiment de la fraternité?

R. Je dirais aux gens assez heureux pour pouvoir être utiles à leurs semblables : Faites du bien, sans humilier ceux que vous obligez : car ce sont des frères malheureux.

Mais je dirais aussi à ces derniers : Dépouillez tout sentiment de haine et d'envie, à l'égard de ceux que le hasard a favorisés. Vous n'avez aucun droit à ce qui leur appartient; et lors même qu'ils ne vous en donnent qu'une faible partie, acceptez-la avec reconnaissance.

D. Vous n'admettez donc pas que, pour satisfaire au devoir de la fraternité, un citoyen soit obligé d'abandonner la moitié de sa fortune à ceux qui ne possèdent rien ?

R. Je ferai ici un simple rapprochement qui me semble la meilleure réponse à cette question.

On a souvent comparé l'État à une grande famille ; cette comparaison est fort juste.

Le père, qui doit la même protection à tous ses enfants, leur a fait avant sa mort une part égale dans son patrimoine.

Plus tard, quelques-uns des frères ont vu s'accroître leur fortune par le travail et une bonne administration, ou parce que les circonstances les ont favorisés ; d'autres, au contraire, moins heureux ou moins sages, sont tombés dans une situation fâcheuse.

Ce sera sans doute un devoir de famille, pour les premiers, de venir au secours de leurs frères malheureux ; mais nul ne saurait reconnaître à ces derniers le droit d'exiger un nouveau partage des biens pour établir l'égalité entre tous les enfants.

D. On peut critiquer la justesse de votre comparaison ; car enfin le pauvre et le riche n'ont pas reçu une part égale, comme les enfants d'une même famille.

R. Ce que je viens de dire des frères et sœurs s'applique également à des parents plus éloignés descendant d'une souche commune. La fortune, également partagée dans le principe, s'est accrue par l'intelligence et l'économie du père ou de l'aïeul de l'un des détenteurs actuels ; tandis que dans l'autre ligne, le désordre et l'incurie ont produit un effet contraire. Il y a aujourd'hui une inégalité incontestable entre les héritiers du même nom, comme elle existe entre le riche et le pauvre étrangers l'un à l'autre; et la demande d'un partage, inadmissible dans le premier cas, ne l'est pas davantage dans le second.

D. Pourquoi mettre des bornes à la fraternité, quand la charité chrétienne, qui est la même vertu sous un autre nom, n'en connaît pas elle-même?

R. Telle n'est pas ma pensée, loin de là. Dans mon opinion, ceux qui jouissent d'une grande fortune s'en montrent surtout dignes, lorsqu'ils en emploient une partie à répandre des bienfaits autour d'eux. Flétrissons l'égoïsme chez les riches, mais n'irritons pas l'envie et la cupidité chez les pauvres. Si les uns doivent secourir l'indigent, les autres doivent respecter la propriété; la fraternité ne saurait être un prétexte pour porter le désordre au sein de la grande famille.

CINQUIÈME LEÇON.

Des droits à exercer par les citoyens. — Des devoirs qu'ils ont à remplir envers la société.

D. Notre organisation sociale impose-t-elle des devoirs à tous ses membres, en même temps qu'elle leur assure des droits? pourriez-vous indiquer d'où dérivent les uns et les autres.

R. Quand les hommes se sont réunis en corps de nation, il a dû intervenir un contrat tacite dont voici la base : abandon par chacun, à la masse, d'une partie de ses droits individuels, pour s'assurer la paisible jouissance du surplus.

Les sacrifices de diverse nature qu'ils sont tenus de faire à l'intérêt général constituent les devoirs des hommes, envers la société ou l'état qui les régit. Les garanties et les avantages assurés par le gouvernement aux citoyens forment les droits de ces derniers.

D. N'y a-t-il pas des inconvénients graves à entretenir les citoyens de leurs droits, sans leur rappeler les devoirs qu'ils ont à remplir?

R. Oui, sans doute : on dispose ainsi les esprits au murmure ou même à la résistance, quand l'État demande ce qu'il est en droit d'exiger.

Ce sont les flatteurs, c'est-à-dire les ennemis du peuple, qui ne lui parlent que de ses droits, en les exagérant. Il faut les lui faire connaître tels qu'ils sont : il faut aussi lui faire connaître ses devoirs, afin que le contrat social soit loyalement exécuté de part et d'autre.

D. Quel est le plus précieux des droits assurés aux citoyens ?

R. C'est la liberté, telle que nous l'avons déjà définie. Cette liberté doit s'appliquer à tous les faits et à tous les actes de la vie, à la personne, à la manifestation écrite et verbale de la pensée, à la religion, à l'enseignement; mais elle doit être limitée, par l'observation de la loi et le respect des intérêts d'autrui.

D. L'égalité proclamée par la constitution doit-elle être aussi l'un des droits garantis aux citoyens ?

R. Il n'existe désormais en France, aucun privilége en faveur des uns, qui serait une injustice à l'égard des autres;

tous sont égaux devant la justice et devant la loi ; et les charges de l'État doivent être supportées par chaque citoyen, proportionnellement à sa fortune.

D. Qu'est-ce que la propriété, et comment la loi la garantit-elle aux citoyens ?

R. La propriété est le droit de jouir et disposer librement des biens que l'on possède ; et l'on comprend sous ce nom l'argent, les meubles, les maisons, les champs, etc., en un mot, tout ce qui a une valeur quelconque.

Le droit de propriété est garanti de la manière la plus complète par les lois.

D'une part, nul ne peut être dépouillé de sa propriété, si ce n'est pour cause d'utilité publique, et moyennant une juste indemnité ; si bien que l'atteinte portée à la propriété d'autrui est considérée et punie comme un délit.

D'autre part, la loi assure l'effet de la transmission des biens, non-seulement pendant la vie, mais encore après la mort des personnes ; et s'il s'est renfermé dans les limites que l'intérêt de la famille a fait fixer, relativement à la portion de biens dont il peut disposer, chacun a la certitude que ses dernières intentions seront respectées.

D. N'existe-t-il pas aussi des droits d'une autre nature garantis aux citoyens ?

R. Ce sont les droits qui leur appartiennent comme membres du corps social.

Ainsi, par application du principe qui fait résider la souveraineté dans le peuple, tout individu majeur est appelé à concourir à l'élection du chef de l'État, des représentants à l'Assemblée nationale, des membres des conseils généraux, des conseils de canton, des conseils municipaux et des officiers de la garde nationale; en un mot, de tous les fonctionnaires ou agents de l'autorité soumis à l'élection.

D. Après avoir parlé de leurs droits, parlez-nous des devoirs des citoyens envers la société?

R. Le premier de ces devoirs, celui qui, en quelque sorte, les embrasse tous, c'est l'observation des lois.

Les lois sont les statuts et les règlements des grandes associations, que l'on nomme nations ou peuples. Et nulle association ne peut exister si le pacte qui la constitue n'est loyalement exécuté par chacun des membres dont elle se compose.

D. Puisque l'État protége les droits individuels des citoyens, il est juste que ceux-ci protégent à leur tour l'État, qui n'est que la personnification des intérêts de tous; quelle conséquence doit-on tirer de cette proposition?

R Ainsi s'explique et se justifie l'obligation du service militaire imposé aux citoyens, comme un devoir auquel nul ne peut se soustraire.

Le service militaire est organisé tout à la fois pour défendre le territoire contre les ennemis extérieurs, et pour maintenir, sur tous les points de la France, l'ordre ainsi que le respect des personnes et des propriétés.

D. Comment sont organisées ces deux parties distinctes du service militaire?

R. Le temps du service est limité, dans les armées de

terre et de mer formées et entretenues au moyen du recrutement militaire et des engagements volontaires. Le contingent annuel de chaque canton est fixé d'avance; et le sort désigne, parmi les citoyens âgés de vingt ans, ceux qui doivent en faire partie.

Quant au service dans la garde nationale, comme il n'est incompatible avec l'exercice d'aucun état ou profession, il est obligatoire pour tous les citoyens, sauf les cas de dispense légale, jusqu'à l'âge de cinquante-cinq ans.

D. L'impôt que chacun doit payer constitue-t-il aussi l'un des devoirs du citoyen envers la société?

R. Il ne saurait y avoir aucun doute à cet égard.

L'État entretient une armée, pour empêcher l'invasion étrangère, et maintenir l'ordre à l'intérieur; il a une flotte pour protéger le commerce national; il a institué de nombreux tribunaux pour rendre la justice; des ministères avec les administrations diverses qui s'y rattachent, pour la gestion des affaires publiques, départementales et communales; enfin il fait exécuter des travaux importants, notamment pour créer et compléter les grandes voies de communication.

Pour qu'il puisse faire face à ces dépenses de toute nature, il faut que les citoyens lui viennent en aide, par l'abandon d'une part de leurs revenus. Cette part des revenus, affectée aux besoins de l'État, des départements et des communes, est ce qui constitue l'impôt, sous des titres divers.

Cet impôt est évidemment obligatoire pour chaque citoyen, puisqu'il s'agit d'acquitter, proportionnellement à sa fortune, une dépense faite dans l'intérêt de tous.

SIXIÈME LEÇON.

Distinction des pouvoirs. — Le pouvoir législatif. — Le pouvoir exécutif. — Le pouvoir administratif et le pouvoir judiciaire.

D. Le concours de plusieurs pouvoirs, ayant des attributions distinctes, est-il indispensable dans un gouvernement bien constitué ?

R. On a souvent comparé l'État à un vaisseau qui a besoin d'un pilote habile, pour le garantir des écueils contre lesquels il pourrait se briser; mais la comparaison n'est pas moins juste sous un autre rapport.

A bord d'un vaisseau, comme dans l'État, il faut d'abord un chef suprême qui donne des ordres, ensuite des agents principaux pour en surveiller l'exécution, puis des agents secondaires chargés des divers détails du service, enfin des fonctionnaires, sous un titre quelconque, ayant pour mission de faire respecter les lois ou les règlements, et de rendre justice à chacun.

D. Quels sont les divers pouvoirs établis en France par la Constitution ?

R. Le pouvoir législatif, le pouvoir exécutif, le pouvoir administratif et le pouvoir judiciaire.

D. Caractérisez, d'une manière spéciale, chacun de ces pouvoirs ?

R. La souveraineté réside essentiellement dans le pouvoir législatif; car celui-là est réellement le maître, dont la volonté devient une loi, c'est-à-dire une règle obligatoire pour tous; ce pouvoir réside dans l'Assemblée nationale.

Le pouvoir exécutif est chargé de promulguer les lois et de les faire exécuter. C'est en lui que se résument, en quelque sorte, toutes les forces actives de l'État. Le Président de la République est le chef du pouvoir exécutif, dont les ministres sont les premiers agents.

Le pouvoir administratif doit spécialement veiller à la conservation des intérêts publics et privés. Ses nombreux agents, dans leurs sphères diverses, sont chargés de mettre en pratique les prescriptions générales de la loi.

Quant au pouvoir judiciaire, sa mission consiste essentiellement à réprimer les infractions des lois et à prononcer sur les contestations qui peuvent s'élever entre les citoyens.

D. D'où émanent le pouvoir législatif et le pouvoir exécutif ?

R. C'est dans l'élection populaire que ces grands pouvoirs prennent leur source ; de sorte qu'ils ne s'exercent, en réalité, que temporairement et par délégation.

Le Président de la République, ainsi que les membres de l'Assemblée nationale, sont les élus du suffrage universel ; et il doit être procédé, tous les quatre ans, à une élection nouvelle.

Rien ne s'oppose à la réélection des membres de l'Assemblée ; mais le Président de la République ne peut lui-même être réélu qu'après un intervalle de quatre ans, afin que le premier citoyen de l'Etat ne puisse considérer le pouvoir comme son patrimoine.

D. La constitution et les lois sont-elles obligatoires pour le Président de la République ?

R. Ainsi que les simples citoyens, celui que le choix

du peuple a investi de la première magistrature doit se conformer aux lois votées par l'Assemblée nationale; mais il conserve une complète indépendance relativement aux actes de haute administration.

Il faut que l'harmonie existe entre ces deux grands pouvoirs. Dans des cas graves, le Président serait responsable envers la nation et pourrait être suspendu ou même révoqué par l'Assemblée nationale.

D. Quelle est la position de l'autorité administrative relativement au chef de l'Etat ?

R. L'autorité administrative fonctionne, sous la haute surveillance du pouvoir exécutif, qui nomme ses agents, les déplace et les révoque à son gré. Mais ceux dont les fonctions administratives prennent leur source dans l'élection ne peuvent être destitués, qu'avec des formes et dans certains cas déterminés.

D. En quoi le pouvoir judiciaire diffère-t-il du pouvoir administratif ?

R. Les magistrats sont nommés par le chef du pouvoir exécutif, mais ils fonctionnent avec une complète indépendance; et quoiqu'il y ait plusieurs degrés hiérarchiques dans les tribunaux, tous prononcent d'après leur conscience, sans attendre les ordres ou les instructions de ceux qui occupent un degré supérieur.

D. Existe-t-il une suprématie quelconque entre l'autorité administrative et l'autorité judiciaire ?

R. Non; l'une et l'autre fonctionnent dans deux sphères distinctes; et si les tribunaux ne peuvent entraver la marche de l'administration, l'administration ne peut de son côté paralyser l'action des tribunaux.

Après cet exposé rapide de notre organisation gouvernementale, nous aurons à présenter l'ensemble de l'organisation administrative et de l'organisation judiciaire, en commençant par sa base.

Les sept leçons suivantes seront spécialement consacrées à l'autorité administrative. Dans les autres, nous nous occuperons des pouvoirs judiciaires, fonctionnant, à plusieurs degrés différents, sur tous les points de la France, en distinguant les juridictions ordinaires des diverses juridictions extraordinaires ou spéciales.

DEUXIÈME PARTIE.

ORGANISATION ADMINISTRATIVE DE LA FRANCE.

SEPTIÈME LEÇON.

Fonctionnaires publics et agents de l'autorité dans chaque circonscription territoriale. — Communes. — Maires. — Conseillers municipaux. — Curés ou desservants.

D. Comment une administration bien organisée doit-elle embrasser l'ensemble, sans négliger les détails?

R. Chaque circonscription territoriale comprend un certain nombre de citoyens, formant une communauté ou association, qui a des intérêts distincts, en même temps qu'elle a des intérêts communs avec la grande association composée de tous les Français : aussi, tandis que les pouvoirs placés au faîte de l'édifice social président aux destinées de la France, leurs agents ou délégués, constitués dans un ordre hiérarchique et avec une indépendance plus ou moins complète, administrent les intérêts collectifs des citoyens groupés autour d'eux.

D. Pourquoi faut-il que chacun connaisse l'organisation de notre système administratif?

R. Cette étude doit avoir plusieurs résultats utiles: d'abord de rendre l'obéissance plus facile, par une saine intelligence des attributions conférées aux divers dépositaires ou agents de l'autorité; ensuite d'éclairer les citoyens sur la marche à suivre, quand ils ont besoin de recourir aux fonctionnaires publics institués pour protéger leurs droits ou défendre leurs intérêts ; enfin, de les diriger dans les choix qu'ils ont à faire, pour que le suffrage universel n'appelle aux fonctions les plus modestes que des citoyens offrant la double garantie de probité et de capacité.

D. Qu'est-ce qu'une commune ? Combien en existe-t-il en France ?

R. La commune est la première circonscription territoriale, celle qui se rapproche le plus de la famille. Les citoyens qui la composent, sont, en général, peu nombreux ; ils ont vécu longtemps ensemble, dans un espace resserré ; l'identité de mœurs et d'habitudes a créé une foule de liens entre eux ; leurs intérêts sont, en général, les mêmes, et quelquefois ils se trouvent réellement confondus dans la jouissance et l'administration des propriétés qui leur appartiennent en commun.

Il existe près de 40,000 communes en France ; elles sont organisées de la même manière, parce que l'uniformité doit être la base de toutes les institutions sociales.

D. Quelles sont les fonctions et les attributions du maire ?

R. Le maire est le premier fonctionnaire de la commune : il exerce, dans certaines limites, les divers pouvoirs que nous avons précédemment définis.

Ainsi, par une délégation tacite du pouvoir exécutif, il est chargé de veiller à l'observation des lois et de constater les contraventions.

Il participe au pouvoir législatif ; et il peut faire sur

certaines matières des règlements obligatoires pour les citoyens.

Le maire exerce même l'autorité judiciaire, dans quelques circonstances; car la loi le charge de réprimer certains délits et contraventions, tels que les rixes et disputes dans les rues, les tumultes excités dans les lieux de réunions publiques; les bruits et attroupements nocturnes qui troublent le repos des citoyens.

Quant au pouvoir administratif, il l'exerce dans toute sa plénitude, sauf le concours du conseil municipal, pour certains actes importants que la loi a eu le soin d'indiquer.

Enfin, comme officier de l'état civil, le maire est chargé de la célébration des mariages, ainsi que de la constatation des naissances et des décès.

Les fonctions des maires sont gratuites. En cas d'absence ou d'empêchement, ils sont remplacés par l'adjoint; à défaut de ce dernier, un membre du conseil municipal peut aussi remplacer le maire, en vertu d'une délégation spéciale.

D. Faites-nous connaître l'organisation des conseils municipaux. Participent-ils à l'administration communale?

R. Les conseils municipaux proposent, délibèrent, mais n'administrent pas.

Le nombre de leurs membres est en rapport avec le chiffre de la population de la commune. Le *minimum* est de dix, il peut s'élever jusqu'à quarante.

Les conseils municipaux sont présidés par le maire. Ils ont quatre sessions ordinaires chaque année, et peuvent être convoqués extraordinairement, pour un objet déterminé, avec autorisation du sous-préfet ou du préfet.

D. Veuillez nous faire connaître les principales attributions des conseils municipaux.

R. Elles consistent : 1° à entendre et approuver, s'il y a lieu, le compte des dépenses municipales présenté par le maire ; 2° à voter le budget, ainsi que les contributions extraordinaires ; mais dans ce dernier cas, l'adjonction des plus forts imposés, en nombre égal à celui des membres du conseil, est indispensable ; 3° à régler le partage des affouages, pâtures, récoltes et fruits communs, ainsi que la répartition des travaux nécessaires à l'érection et aux réparations des propriétés communales ; 4° à délibérer sur les besoins particuliers et locaux, ainsi que sur les emprunts destinés à y faire face ; sur les procès à intenter par les communes ; les réparations des chemins communaux, le choix des gardes-champêtres, etc.

D. Comment sont nommés les membres des conseils municipaux ?

R. Les habitants des communes, âgés de vingt-et-un ans accomplis, sont tous appelés à nommer les membres des conseils municipaux ; et ceux-ci choisissent dans leur sein le maire ainsi que l'adjoint.

C'est dans cette circonstance, surtout, que le droit du suffrage universel est exercé en pleine connaissance de cause, et que les citoyens peuvent choisir parmi eux ceux qui leur offrent le plus de garanties.

La prospérité des communes dépend presque toujours de la capacité, du dévouement et du zèle de leurs administrateurs.

D. Les ministres du culte peuvent-ils être considérés comme des fonctionnaires publics? Dans tous les cas, leur concours est-il utile à la bonne administration de la commune?

R. Les curés ou desservants des paroisses, quoique salariés par l'État, ne sont pas des fonctionnaires publics proprement dits; mais le ministère qu'ils exercent leur assure une grande influence sur les populations. De bonnes mœurs doivent être le complément et l'auxiliaire de bonnes lois. Aussi les membres du clergé peuvent-ils seconder efficacement les dépositaires de l'autorité, pour atteindre un but qui doit être commun à tous, l'amélioration des masses, sous le rapport matériel et moral.

HUITIÈME LEÇON.

Commissaires de police. — Instituteurs. — Percepteurs. — Commissaires répartiteurs. — Gardes-champêtres. — Agents-voyers.

D. Quelle est la nature des fonctions des commissaires de police?

R. Les commissaires de police sont tout à la fois officiers de police judiciaire et préposés de l'administration.

Comme officiers de police judiciaire, ils sont chargés de recevoir les rapports, dénonciations et plaintes relatifs aux contraventions. Même dans le cas de flagrant délit, c'est-à-dire, quand un délit se commet actuellement ou vient de se commettre, les commissaires de police peuvent dresser les procès verbaux et recevoir les dépositions des témoins.

Comme préposés de l'administration, les commissaires

de police doivent veiller à tout ce qui intéresse la salubrité et la sûreté publique. Les lieux publics de réunion tels que cabarets, cafés ou bals sont spécialement placés sous leur surveillance.

Il n'existe de commissaires de police que dans les villes et dans les communes, chefs-lieux de canton. Dans les autres, les maires et adjoints remplissent les fonctions que nous venons d'indiquer.

D. Faites-nous connaître la mission que la loi a conférée aux instituteurs primaires.

R. Dans un système de gouvernement où tous les citoyens ont des devoirs politiques à exercer, et peuvent même être appelés aux diverses fonctions publiques, il importait de mettre l'instruction à la portée de tous.

C'est l'acquittement d'une sorte de dette par l'État; aussi assure-t-il une subvention aux instituteurs primaires, afin qu'ils puissent recevoir un certain nombre d'élèves gratuits, et que les autres n'aient qu'à payer une légère rétribution mensuelle fixée, tous les ans, par le conseil municipal.

Si la position des instituteurs primaires est modeste, ils rendent d'importants services à la société, lorsqu'ils sont bien pénétrés de leurs devoirs. La morale et l'instruction, qu'on ne doit jamais séparer, amélioreront la masse de la population; les enfants de nos ouvriers et de nos cultivateurs pourront ainsi exercer, avec une complète intelligence, les droits que la constitution assure à tous les citoyens.

D. En quoi consistent les fonctions du percepteur?

R. Le percepteur est un agent du gouvernement chargé du recouvrement des impôts.

Ainsi que nous l'avons déjà dit, les impôts sont la portion de ses revenus réels ou présumés, dont chacun doit faire l'abandon à l'État, pour subvenir aux dépenses qu'il a à faire, dans l'intérêt de tous. On peut ajouter, que les impôts sont le prix légitime de la protection que la loi assure aux citoyens, pour la défense de leurs personnes et la conservation de leurs propriétés. Sous ce double rapport, nul ne peut refuser le payement des impôts ou contributions.

D. Comment sont établis et répartis les impôts?

R. Ils ne peuvent être établis que par une loi.

Quand l'Assemblée nationale en a fixé le chiffre, elle en effectue la répartition entre les départements ; la sous-répartition en est ensuite successivement effectuée, d'abord entre les arrondissements, ensuite entre les cantons et les communes ; de sorte que la légalité et une bonne justice distributive président à l'établissement de l'impôt, ainsi qu'aux opérations successives, au moyen desquelles la part de chaque contribuable se trouve fixée.

D. Qu'appelle-t-on *commissaires répartiteurs* dans les communes?

R. Ce sont des citoyens notables, choisis d'ordinaire dans le sein du conseil municipal, qui, de concert avec un employé des contributions, répartissent entre ses habitants le contingent de l'impôt mis à la charge de la commune.

Ce n'est pas, à proprement parler, une fonction publique qu'ils exercent, mais une mission temporaire qu'ils ont à remplir, pour assurer une juste répartition de l'impôt entre leurs concitoyens.

D. Quelles sont les attributions des gardes-champêtres, qui ont dû être établis dans toutes les communes, en vertu d'un décret du 8 juillet 1795?

R. Les gardes-champêtres sont des officiers de police judiciaire ; à ce titre, ils sont spécialement chargés de rechercher et de constater les délits et contraventions qui portent atteinte aux propriétés rurales.

La police des campagnes est placée sous la surveillance des gardes-champêtres.

Comme ils prêtent serment au moment de leur installation, leurs rapports et procès-verbaux font foi en justice, et ne peuvent être détruits que par une preuve contraire. Aussi, le décret du 8 juillet 1795 veut-il qu'on choisisse les gardes champêtres parmi les citoyens dont la probité, le patriotisme et le zèle sont généralement reconnus.

Le maire et le conseil municipal concourent, dans chaque commune, à la nomination du garde-champêtre.

D. Parlez-nous des routes et chemins de diverse nature, ainsi que de l'institution récente des agents-voyers.

R. L'établissement et le bon entretien des voies de communication sont d'une grande importance ; et ici la part a été faite à chacun.

L'État est chargé de la construction ainsi que de l'entretien des grandes routes qui sillonnent la France, et qu'on désigne sous le nom de *routes nationales.* Il est fait face à cette dépense par les fonds du budget.

Les départements sont chargés d'exécuter et d'entretenir les routes de seconde classe, qui mettent en communication les villes dont ils se composent, ou même deux départements voisins, et que, par ce motif, on appelle *routes départementales.*

Plusieurs communes concourent (avec l'assistance du département) à l'entretien des chemins qui leur sont également utiles, parce qu'ils traversent leurs territoires respectifs, et qu'on désigne sous le nom de *chemins de grande vicinalité.*

Enfin, les chemins vicinaux et les chemins ruraux sont à la charge des communes.

A défaut de revenus communaux, il est pourvu à cette dépense au moyen de centimes additionnels sur les contributions, dont le maximum est fixé à 5 ; et d'une, deux ou trois journées de travail, par habitant, voiture, bête de trait ou de somme, dont chacun à la faculté de se libérer soit en nature, soit en argent.

Les agents-voyers, créés par une loi récente, ont pour mission d'indiquer et de surveiller les travaux à exécuter dans les chemins vicinaux, afin d'assurer le meilleur emploi possible aux fonds que les communes affectent à ce service important.

NEUVIÈME LEÇON.

Officiers publics et ministériels auxquels on est forcé de recourir dans certaines circonstances. — Notaires. — Huissiers.

D. A qui convient-il que les habitants de la campagne s'adressent d'abord, s'il s'élève entre eux des difficultés qui pourraient donner lieu à un procès?

R. Les populations des campagnes n'ont pas toujours, comme celles des villes, l'avantage de trouver, en quelque sorte, sous leur main, des conseils éclairés. Si quelque ancien avocat s'est retiré dans sa maison des champs, pour se délasser des travaux d'une vie laborieuse, que les cultivateurs, ses voisins, aient recours à ses lumières et à son expérience, pour les diriger, avant de s'engager dans un débat judiciaire.

D. Quelles sont les fonctions des notaires ?

R. Les notaires sont des officiers publics auxquels il est indispensable de s'adresser pour certains actes; par exemple, lorsqu'il s'agit d'une obligation par laquelle l'emprunteur consent hypothèque sur ses immeubles, d'un contrat de mariage et d'une donation. Les ventes, les échanges, les billets ou promesses de payer une somme d'argent, les baux à ferme ou à loyer peuvent être faits par un acte sous seing privé, comme par un acte notarié.

D. Laquelle de ces deux formes est-il plus convenable d'employer ?

R. Pour peu que l'objet du contrat soit important, nous conseillons aux parties intéressées de s'adresser à un notaire. Sans doute les frais sont plus considérables, à cause de la formalité de l'enregistrement à laquelle sont soumis tous les actes notariés, et des honoraires légitimement dus à l'officier public qui les a rédigés : mais aussi, les contrats sont réguliers dans leur forme; on est moins exposé à y trouver des clauses obscures ou ambiguës qui laissent des doutes sur leur véritable sens, et sont la cause d'une foule de procès.

D. N'y a-t-il pas aussi un autre avantage à employer le ministère d'un notaire, même pour les actes à l'égard desquels il n'est pas rigoureusement exigé?

R. Le concours de cet officier public donne aux actes un caractère d'authenticité qui est une garantie de la sincérité des clauses qu'ils contiennent; aussi, les contrats notariés sont-ils exécutoires par eux-mêmes, sans l'intervention des magistrats. Par exemple, en vertu de la grosse d'une obligation reçue par un notaire, on peut faire vendre les meubles ou les immeubles d'un débiteur qui refuse de payer: tandis que celui qui n'a qu'un engagement sous-seing privé doit d'abord le faire enregistrer, et ne peut poursuivre son débiteur qu'en vertu d'un jugement de condamnation rendu contre lui, ce qui l'oblige à subir les frais et les lenteurs d'un procès, avant d'obtenir le paiement de ce qui lui est dû.

D. N'est-il pas d'autres circonstances dans lesquelles on peut s'adresser aux notaires?

R. Leur intervention, comme conseils, dans tous les cas difficiles qui peuvent se présenter, est surtout précieuse pour les habitants des campagnes. Les personnes admises à l'exercice du notariat se recommandent, en général, par leur probité ainsi que par leur expérience des affaires; et la juste influence qu'ils exercent, sous ce double rapport, leur permet d'éclairer sur leurs véritables droits ceux qui voudraient s'engager dans un procès.

D. Vous pensez donc qu'il convient d'éviter les procès, autant que cela est possible?

R. Oui, sans doute; car les conséquences des débats judiciaires sont souvent déplorables, même pour ceux qui obtiennent gain de cause; et les hommes sages qui ne veulent pas compromettre leur repos et leur fortune, ne doivent rien négliger pour les éviter. L'amour-propre et l'intérêt personnel jouent ici un grand rôle : chacun des adversaires est convaincu qu'il a raison; toutefois, l'un des deux a nécessairement tort. Que faire, dans ce cas? chercher à s'éclairer, en s'adressant à un homme sage et expérimenté, afin d'arriver à une conciliation qui soit dans l'intérêt, bien entendu, de toutes les parties.

D. Quelles sont les fonctions légales des huissiers?

R. Elles consistent, d'abord, à porter devant le tribunal compétent, au moyen d'une citation ou assignation, les demandes qu'un citoyen veut former contre un autre, afin d'obtenir contre lui des condamnations d'une nature quelconque; ensuite, à poursuivre, par des voies plus ou moins rigoureuses, telles que la saisie des meubles ou des immeubles, même par l'arrestation de la personne, dans les cas où la loi l'autorise, l'exécution des jugements, ainsi que des actes authentiques.

D. Les huissiers se renferment-ils, en général, dans l'exercice des fonctions que la loi leur confère?

R. Non. Dans les villes, aussi bien que dans les campagnes, la plupart des huissiers ont des cabinets d'affaires, et cumulent ainsi les fonctions d'avocats consultants avec celles d'officiers ministériels. C'est un véritable empiètement d'attributions, qui reste presque toujours impuni, à cause de la difficulté qu'on éprouve à le constater.

D. Y a-t-il des inconvénients, pour les hommes inexpérimentés, à intenter des poursuites dont les conséquences peuvent être sérieuses, d'après le seul conseil d'un huissier?

R. Je n'hésite pas à répondre afirmativement. En général, les huissiers, chargés d'un ministère rigoureux, sont peu partisans de la conciliation; d'autant que, si les actes de poursuite sont souvent ruineux pour les parties, ils leur profitent toujours.

D'ailleurs, les études auxquelles les huissiers sont soumis, avant d'entrer en exercice, se réduisent à bien formuler les actes peu nombreux de leur ministère. Ils ne sont pas initiés, en général, dans la connaissance et l'application des lois; de telle sorte qu'avec les meilleures intentions du monde, ils peuvent indiquer une fausse route à ceux qui les consultent.

Pour exprimer complétement mon opinion sur ce point, je dirai que s'il est dangereux de prendre l'avis d'un huissier, lorsqu'il s'agit d'engager un procès ou d'y défendre, il est prudent de s'adresser à un avocat, à un avoué ou à un notaire, même avant de charger un huissier de diriger une poursuite quelconque.

DIXIÈME LEÇON.

Canton. — Arrondissement. — Sous-préfet. — Fonctionnaires divers.

D. Qu'est-ce qu'un canton?

R. Un canton se compose de la réunion de plusieurs communes groupées autour d'une commune plus importante, qui en forme le chef-lieu.

D. Quelles sont les autorités qui siégent dans les chefs-lieux de canton?

R. Il n'y a pas de fonctionnaire supérieur, dans la hiérarchie administrative, mais seulement un maire comme dans les autres communes. Il se trouve, dans chaque canton, un juge de paix qui forme le premier degré de l'organisation judiciaire, et dont nous aurons à faire connaître les attributions diverses, quand nous nous occuperons de cette organisation.

Les maires des communes se réunissent quelquefois au chef-lieu de canton, pour s'y occuper de divers objets auxquels elles se trouvent également intéressées, par exemple, du tirage au sort pour la conscription, de l'organisation du jury de révision de la garde nationale, etc.

D. Existe-t-il, dans le chef-lieu, un conseil cantonal, pour les diverses communes dont se compose le canton?

R. Ce conseil n'existe pas encore : mais son institution est consacrée en principe, par l'article 77 de la constitution. Une loi spéciale doit régler plus tard l'organisation et les attributions de ce conseil destiné à remplacer le conseil d'arrondissement, qui a existé jusqu'à ce jour, au chef-lieu de chaque sous-préfecture.

D. Dites-nous quelle est l'influence de la circonscription cantonale, relativement à la compétence des officiers publics ou ministériels, et relativement au mode d'exercice du droit électoral ?

R. La circonscription du canton forme l'étendue du territoire, dans lequel certains officiers publics ou ministériels peuvent valablement exercer leurs fonctions; ainsi, les huissiers attachés aux justices de paix et les notaires cantonaux ne peuvent signifier ou recevoir les actes de leur ministère que dans le ressort du canton.

Pour l'élection du président de la République, des membres de l'Assemblée nationale, des conseils généraux de département et des officiers supérieurs du bataillon cantonal de la garde nationale, les citoyens sont appelés à voter aux chefs-lieux de canton.

D. Quelle place assignez-vous aux arrondissements, dans la division territoriale de la France?

R. Les arrondissements forment la première division du département. Ils constituent le degré intermédiaire, entre les chefs-lieux de département et les chefs-lieux de canton, comme ces derniers forment eux-mêmes le degré intermédiaire, entre les chefs-lieux d'arrondissement et les communes.

Chaque département se compose de plusieurs arrondissements ; chaque arrondissement comprend plusieurs cantons; enfin chaque canton a dans sa circonscription un certain nombre de communes.

D. Dites-nous quel est le premier fonctionnaire public de l'arrondissement?

R. Il y a un sous-préfet dans chaque chef-lieu d'arrondissement, qu'on appelle aussi sous-préfecture. Le sous-préfet est le chef de l'administration, dans les cantons et communes dont se compose son arrondissement. C'est par son entremise que les maires correspondent avec le préfet, placé à la tête de l'administration départementale.

Toutefois, le préfet exerce le pouvoir administratif, directement et sans intermédiaire, dans l'arrondissement qui a pour chef-lieu la ville même où siége la préfecture.

D. Par qui sont nommés les sous-préfets?

R. Comme agents du pouvoir exécutif, les sous-préfets sont nommés par le président de la République, sur la présentation du ministre de l'intérieur.

D. Existe-t-il une retraite, en faveur de ces fonctionnaires?

R. Après trente années de service, ou lorsqu'ils ont contracté des infirmités, dans l'exercice de leurs fonctions, les sous-préfets ont droit à une pension de retraite, comme la plupart des fonctionnaires ou agents salariés par l'État. Il est juste, en effet, que le trésor public fournisse des moyens honorables d'existence à ceux qui se sont dévoués à servir le pays, dans une carrière quelconque.

D. Faites-nous connaître les agents ou préposés supérieurs de divers services attachés à chaque arrondissement?

R. Il y a, d'abord, un receveur de l'enregistrement et des domaines, auquel doivent être présentés tous les actes reçus par les officiers publics ou ministériels, ainsi que les actes sous seing privé destinés à être produits en justice, et les jugements rendus par les tribunaux, afin de revêtir ces divers actes de la formalité de l'enregistrement.

Ce receveur est aussi dépositaire des registres publics, où doivent être inscrits les droits hypothécaires qu'on peut exercer à divers titres, sur les immeubles situés dans toute l'étendue de l'arrondissement.

Il y a aussi un receveur particulier des finances, dans la caisse duquel les percepteurs de toutes les communes du ressort versent les sommes qu'ils ont touchées des contribuables.

D. Les officiers publics ou ministériels qui résident au chef-lieu d'arrondissement exercent-ils leurs fonctions, avec plus de latitude que ceux dont la résidence est aux chefs-lieux de canton ?

R. Le ressort dans lequel les officiers publics et ministériels peuvent exercer leurs fonctions prend plus d'extension, à mesure qu'on franchit un nouveau degré de l'organisation administrative. Ainsi, tandis que le notaire et l'huissier, institués dans le chef-lieu du canton, ne peuvent valablement recevoir ou signifier un acte quelconque hors des limites de ce canton, les notaires et huissiers du chef-lieu d'arrondissement ont la faculté d'exercer leur ministère dans tous les cantons dont l'arrondissement se compose.

ONZIÈME LEÇON.

Département. — Préfet. — Conseil général du département.

D. Faites-nous connaître la division territoriale de la France, et dites-nous si les conséquences de cette division ne constituent pas l'un des principaux avantages de notre organisation gouvernementale et administrative.

R. La France est divisée en quatre-vingt-six départements rattachés à un point central, et toutefois fonctionnant isolément, dans une complète indépendance les uns des autres.

C'est là surtout ce qui constitue le mérite de notre organisation. Unité du gouvernement et de la loi qui commandent à tous; division et subdivision des pouvoirs, afin que, dans des sphères diverses, les intérêts généraux, collectifs et individuels, puissent être l'objet d'une égale protection, sur tous les points de la France.

D. Quels sont l'origine, le caractère et l'importance des fonctions des préfets ?

R. Le préfet est, comme nous l'avons dit, le chef de l'administration départementale. Il est nommé par le gouvernement, qui a conséquemment le droit de le révoquer ou de le faire changer de résidence.

On peut considérer le préfet comme un intermédiaire légal, entre le département qu'il administre et le gouvernement lui-même.

C'est au préfet que sont adressées les instructions de l'autorité centrale, pour le contingent que chaque département doit fournir dans le recrutement de l'armée et dans les contributions votées par la chambre.

C'est aussi par l'entremise du préfet, que les communes, les cantons et les arrondissements font d'ordinaire parvenir leurs réclamations aux principaux agents du pouvoir exécutif, c'est-à-dire aux ministres, ainsi qu'aux chefs ou directeurs des diverses administrations centrales.

D. Avec quel ministre les préfets ont-ils les rapports les plus habituels ?

R. Les préfets étant nommés sur la présentation du ministre de l'intérieur, et agissant d'après ses instructions, correspondent spécialement avec ce ministre.

Toutefois, comme ils ont à s'occuper accidentellement de questions qui se rattachent aux travaux publics, aux finances, à la marine, à la guerre, à l'agriculture et à l'instruction publique ; ils ont quelquefois des renseignements à fournir ou à demander aux ministres de ces divers départements.

D. Dites-nous quelles sont les principales attributions des préfets ?

R. Elles sont trop nombreuses et trop variées pour en présenter une nomenclature complète. Aussi, nous bornerons-nous à dire que, d'une part, comme délégué du pouvoir, le préfet est chargé de faire exécuter ses prescriptions dans les matières qui ressortent de l'action gouvernementale; et que, d'autre part, comme chef de l'administration du département, le préfet peut prendre, dans une foule de circonstances particulières, des arrêtés auxquels les administrations locales et les simples citoyens sont tenus de se conformer.

D. N'existe-t-il pas un conseil général de département dans chaque chef-lieu de préfecture?

R. La loi a institué auprès des préfets un conseil général de département, composé d'autant de membres qu'il y a de cantons. Chaque canton élit un membre du conseil général.

Une loi d'organisation municipale et départementale, plus en harmonie avec nos nouvelles institutions, devait être votée par l'Assemblée constituante; elle le sera sans doute par l'Assemblée législative qui lui a succédé.

D. En attendant que cette nouvelle loi organique règle les attributions des conseils généraux de département, pourriez-vous nous dire quelles étaient ces attributions, d'après la loi du 28 pluviôse an VIII?

R. Aux termes de l'article 16 de cette loi, le conseil général fait la répartition des contributions directes entre les arrondissements communaux du département; il statue sur les demandes en réduction faites par les conseils d'arrondissement, les villes, bourgs et villages; il détermine, dans les limites fixées par la loi, le nombre des centimes additionnels, dont l'imposition est demandée pour les dépenses du département; il entend le compte annuel que le préfet rend de l'impôt des centimes qui ont été destinés à ces dépenses; il exprime son opinion sur l'état et les besoins du département, et l'adresse au ministre de l'intérieur.

D. Les attributions des conseils généraux sont-elles restées dans les limites tracées par la loi de l'an VIII?

R. Non; ces attributions se sont successivement accrues depuis, et il est peu d'objets d'un intérêt départemental qu'elles n'embrassent aujourd'hui :

Les routes, les canaux, les prisons, les dépôts de mendicité, l'agriculture, l'instruction publique ont donné lieu à des travaux remarquables, dans le sein de plusieurs conseils généraux. Rarement les ministres manquent de les consulter, comme les organes les plus éclairés et les plus indépendants de l'opinion publique, dans les grandes questions d'intérêt général.

D. Les conseils généraux sont-ils soumis à l'autorité du préfet?

R. Les conseils généraux fonctionnent avec une complète indépendance. Quand le préfet assiste aux séances, ce n'est pas pour présider aux délibérations, ou même pour y prendre part, mais pour y faire un rapport sur les diverses branches de l'administration départementale, ou pour fournir les documents et renseignements qui lui sont demandés.

Le conseil général choisit dans son sein un président et un secrétaire.

D'après la loi actuelle, sa session ne doit durer que quinze jours. Ce délai est évidemment insuffisant, à cause du nombre et de l'importance des questions que le conseil général est appelé à examiner.

DOUZIÈME LEÇON.

Conseil de préfecture. — Agents supérieurs des divers services qui siégent au chef-lieu du département.

D. Parlez-nous de l'institution du conseil de préfecture?

R. Il y a, dans chaque département, un conseil de préfecture composé de trois ou de cinq membres nommés par le chef du gouvernement.

Quand le préfet assiste aux séances du conseil de préfecture, il le préside, et sa voix est prépondérante, en cas de partage.

Le conseil de préfecture ne s'immisce pas dans l'administration proprement dite; il constitue un tribunal administratif.

D. A ce titre, quelles sont ses principales attributions?

R. Plus tard nous aurons à les faire connaître avec détail, lorsque nous nous occuperons de l'organisation judiciaire de la France. Il suffira d'en indiquer ici quelques-unes qui sont plutôt administratives que judiciaires.

Le conseil de préfecture est appelé à prononcer : sur

les difficultés qui peuvent s'élever, en matière de grande voirie, parce que la conservation et la surveillance des routes nationales appartiennent essentiellement à l'administration; sur les demandes présentées par les communautés des villes, bourgs et villages pour être autorisés à plaider; enfin sur le contentieux des domaines nationaux.

D. Pourquoi les communes ont-elles besoin d'une autorisation pour plaider? Et pourquoi demander cette autorisation au conseil de préfecture, quand il y a dans chaque commune des fonctionnaires auxquels est confiée la défense de ses intérêts?

R. Les communes, ainsi que toutes les associations reconnues par l'Etat, ont toujours été considérées comme des mineurs, qui ne peuvent engager une action en justice ou y défendre, sans être valablement autorisés.

On a supposé, avec raison, que la seule intervention du conseil municipal ne présentait pas une garantie suffisante, parce que ses membres placés sous l'influence de préventions locales ne sauraient pas toujours se défendre, contre les entraînements de l'amour-propre et de l'intérêt communal.

C'est afin d'empêcher les communes de s'engager dans de mauvais procès, qu'on a exigé, pour les admettre à plaider, l'autorisation du conseil de préfecture, à la suite de celle du conseil municipal.

D. Expliquez-nous ce que c'est que le contentieux des domaines, et pourquoi la connaissance en est déférée au conseil de préfecture.

R. En vertu de diverses lois, rendues dans le cours de

la première révolution, le gouvernement avait mis en vente, par l'entremise des administrations de district (ou d'arrondissement), une masse considérable d'immeubles réunis au domaine de l'Etat, par suite de la confiscation qui avait frappé les biens des émigrés et des corporations religieuses.

Ces ventes faites souvent avec beaucoup de précipitation, et en l'absence des titres de propriété, avaient donné lieu à des difficultés nombreuses, entre les acquéreurs et des tiers intéressés à contester leurs droits.

D'après le principe qui ne permet pas à l'autorité judiciaire d'apprécier le mérite des actes de l'administration, c'est aux conseils de préfecture qu'a été exclusivement attribué le jugement des contestations auxquelles ces ventes nationales pouvaient donner lieu.

D. Quels sont les chefs des divers services publics qui résident au chef-lieu de département ?

R. Comme chaque département forme une grande circonscription administrative, on y trouve les chefs ou du moins les agents principaux de la plupart des administrations publiques.

Pour les finances, c'est le receveur général, dans la caisse duquel se centralisent toutes les contributions perçues dans le département, et le payeur chargé d'acquitter les diverses dépenses portées au budget départemental.

Relativement au service militaire, c'est le général commandant le département, ainsi que l'intendant ou le sous-intendant militaire.

Pour l'instruction publique, ce sont le recteur de l'académie et les inspecteurs de l'université.

Pour les cultes, l'évêque et le séminaire ; enfin, pour les travaux publics, l'ingénieur en chef.

D. Pourriez-vous nous dire dans quel but les chefs ou principaux agents des divers services se trouvent ainsi réunis au chef-lieu du département ?

R. Ils sont, pour les communes et les particuliers, des intermédiaires légaux relativement aux demandes d'une nature quelconque, qu'ils ont à adresser au gouvernement; car la plupart des fonctionnaires que nous venons de désigner ont, au siége même du gouvernement, leur supérieur dans l'ordre hiérarchique; de sorte qu'après avoir subi des épreuves diverses, dans les communes ainsi que dans les chefs-lieux d'arrondissement et de département, toutes les affaires, d'un intérêt général ou collectif, arrivent, parfaitement instruites, devant le chef d'administration ou le ministre appelé à prononcer.

D. Quels sont les effets de la centralisation des divers services publics?

R. Cette centralisation était indispensable dans la capitale, parce que l'unité de direction doit être la base de toute bonne organisation sociale.

Cette centralisation ne présente pas, d'ailleurs, tous les inconvénients qu'on a signalés dans la pratique; car au-dessous du point central, il existe plusieurs centres administratifs plus ou moins étendus (la commune, le canton, l'arrondissement et le département) dans lesquels les questions qui ne présentent pas un intérêt général peuvent recevoir une solution définitive.

Du reste, la loi projetée sur l'administration communale et départementale donnera sans doute satisfaction à toutes les exigences légitimes.

D. L'observation que vous avez déjà faite, sur l'extension du ressort des officiers publics ou ministériels, s'applique-t-elle ici ?

R. Oui; le ressort dans lequel ils peuvent légalement exercer leurs fonctions s'élargit, à mesure que la circonscription administrative au centre de laquelle ils sont fixés a elle-même plus d'étendue.

Ainsi, tandis que les notaires et les huissiers des cantons et des arrondissements ne peuvent faire ou signifier leurs actes que dans le ressort du canton ou de l'arrondissement, ceux qui sont portés sur le tableau des officiers publics ou ministériels du chef-lieu de département ont le droit de fonctionner dans toute la circonscription départementale.

Il y a néanmoins une exception à l'égard des avoués, qui ne peuvent exercer leur ministère, qu'auprès du tribunal auquel ils sont attachés.

TREIZIÈME LEÇON.

Capitale de la France. — Président de la République.—Assemblée nationale. — Conseil d'état. — Ministres. — Directeurs généraux.

D. Quelle idée vous faites-vous de la capitale d'un Etat ?

R. La capitale d'un Etat est comme le cœur, dans l'organisation de l'homme; c'est le point où toutes les forces vitales se concentrent, pour refluer ensuite jusqu'aux extrémités.

Paris est nécessaire à la France, comme la France est nécessaire à Paris. Nos diverses circonscriptions territoriales ne formeraient, en quelque sorte, que de petits Etats fédératifs, si elles ne se trouvaient rattachées à un centre commun.

Tous les grands pouvoirs de l'Etat ont leur siége dans la capitale; c'est de là que partent les mouvements régulateurs qui constituent la vie du corps social.

D. Faites-nous connaître la haute position faite par la constitution nouvelle au président de la République,

R. Le président de la République est le premier fonctionnaire de la France; il est le chef du pouvoir exécutif.

Ce n'est pas par droit héréditaire, mais par le suffrage de ses concitoyens, qu'il se trouve investi de cette haute dignité. Ainsi que les fondateurs des anciennes dynasties, il est véritablement l'élu du peuple; et si son pouvoir n'est que temporaire, il est assis sur la base la plus large, celle du suffrage universel. Aussi, un insensé ou un ennemi du pays pourrait seul méconnaître une autorité créée par le vœu national légalement manifesté.

D. Comment la chambre des représentants se trouve-t-elle constituée?

R. La chambre des représentants est aussi le résultat de l'élection: c'est à elle que le peuple a délégué l'exercice de sa souveraineté.

La chambre dont la session vient de se terminer avait le titre d'*Assemblée constituante*, parce qu'elle était spécialement chargée de faire la constitution. La nouvelle chambre et celles qui lui succéderont prendront le titre d'*Assemblée législative.*

Elles ne seront composées que de sept cent cinquante membres, tandis que l'Assemblée constituante en comptait neuf cents.

D. Quelle est la place qu'occupe le conseil d'État, dans notre organisation gouvernementale?

R. Le conseil d'Etat, dont le siége est à Paris, constitue un grand corps, tout à la fois politique, administratif et judiciaire; il est appelé, dans diverses circonstances, à préparer ou à compléter l'œuvre du législateur, en donnant son avis sur les projets de lois qui lui sont présentés, et en rédigeant des règlements d'administration publique, destinés d'ordinaire à interpréter les dispositions des lois ou à en faciliter l'application.

Il exerce en outre un haute surveillance sur les diverses parties de l'administration publique.

D'après la constitution, les membres du conseil d'État sont nommés par l'Assemblée nationale et rééligibles par moitié tous les trois ans.

D. A quelle classe de fonctionnaires appartiennent les ministres?

R. Les ministres sont les premiers agents du pouvoir exécutif.

Ils sont responsables de leurs actes, envers la nation représentée par l'Assemblée nationale; cette responsabilité existe à l'égard de tous les dépositaires du pouvoir; puisque l'autorité dont ils sont investis n'est qu'une délégation plus ou moins complète de la souveraineté qui réside essentiellement dans le peuple.

Tous les actes émanés du président de la République doivent être signés par un ministre.

Sauf de légères modifications, la division des départements ministériels est aujourd'hui telle qu'elle a existé depuis longtemps en France, sous les divers gouvernements qui se sont succédé.

D. Veuillez nous dire combien il y a de ministres, et quelles sont les attributions spéciales de chacun d'eux?

R. Il y a neuf ministres, savoir :

Le garde des sceaux ou ministre de la justice, qui a dans ses attributions l'organisation et la surveillance de tous les corps judiciaires; il est aussi dépositaire des sceaux de l'État.

Le ministre de l'intérieur, spécialement chargé de correspondre avec les préfets et avec les différents fonctionnaires administratifs ; il est le chef de l'administration intérieure de la France.

Le ministre des affaires étrangères, qui nomme, révoque ou déplace nos ambassadeurs et agents diplomatiques à l'étranger; se met en rapport avec ceux des autres puissances auprès de la République, et négocie les traités d'union ou de paix.

Le ministre des finances, entre les mains duquel se concentrent tous les revenus de l'État, pour faire face aux dépenses publiques, et duquel dépendent les directeurs généraux des diverses administrations tributaires de l'État, telles que les contributions indirectes, l'enregistrement et les domaines, les eaux et forêts, les postes, etc.

Le ministre de la guerre, dont les attributions se trouvent suffisamment indiquées par son titre.

Le ministre de la marine et des colonies, préposé à l'organisation et à la direction de nos forces navales.

Le ministre de l'agriculture et du commerce, qui embrasse dans son département ces deux grandes sources de la richesse nationale.

Le ministre des travaux publics, chargé de proposer à la chambre des représentants les entreprises d'utilité générale, telles que les monuments publics, les grandes routes, les canaux et les chemins de fer exécutés par l'État.

Enfin le ministre de l'instruction publique, qui a dans ses attributions l'organisation et la haute surveillance de l'enseignement public à tous ses degrés.

D. Les ministres s'occupent-ils seuls de tout ce qui concerne leurs départements respectifs ?

R. En général, chaque ministre dirige tous les travaux de son département.

Toutefois, quand il s'agit de questions graves ou même de nominations à des emplois importants, tous les ministres sont appelés à délibérer avec le président du conseil ou même le président de la République.

Le titre de président du conseil est, d'ordinaire, confie au ministre qui a été chargé de la formation du cabinet.

Ce titre n'appartient pas spécialement à tel ou tel département ministériel. Nous avons vu, dans des circonstances diverses, la présidence du conseil attribuée au ministre de l'intérieur, au ministre des affaires étrangères, au ministre de la guerre et au ministre des finances. Il n'y a pas de président dans le cabinet actuel ; dans le précédent, la présidence du Conseil appartenait au garde des sceaux, ministre de la justice.

D. Outre le ministre duquel elles ressortent, les administrations importantes ont-elles un chef sous le titre de directeur général ?

R. Oui; c'est lui qui est chargé de l'expédition des affaires, sous la surveillance du ministre.

Presque toutes les directions générales ressortent du ministère des finances. En voici la nomenclature :

Directions générales des contributions indirectes, des douanes, de l'enregistrement et des domaines, des eaux et forêts, des postes, des tabacs, des poudres et salpêtres.

Dans la plupart des autres ministères, les employés supérieurs qui ont le titre de directeurs ne sont en réalité que des chefs de division.

D. Ces diverses administrations centrales doivent exiger un grand nombre d'employés. Y a-t-il quelques avantages dans une organisation aussi compliquée ?

R. Les directeurs généraux ont sous leurs ordres plusieurs bureaux qui forment l'administration spéciale de chaque direction.

Il était indispensable d'organiser un personnel suffisant, pour transmettre les ordres et les instructions de l'administration supérieure, dans tous les degrés de la hiérarchie des fonctionnaires ou préposés, dont elle doit surveiller la marche.

Ainsi les dépositaires des grands pouvoirs de l'État, les ministres, les directeurs généraux, les administrations centrales, en un mot, toutes les autorités chargées de maintenir la régularité et l'uniformité dans les diverses branches des services publics, se trouvent concentrées dans la capitale, afin que tous les rouages de ce grand mécanisme obéissent à un régulateur unique.

Nous avons parcouru, dans tous ses degrés, notre organisation gouvernementale et administrative, depuis la commune jusqu'à la capitale de la France, c'est-à-dire, de sa base à son sommet. Nous allons faire connaître notre organisation judiciaire, en suivant la même marche. La troisième partie sera consacrée aux juridictions ordinaires. Nous nous occuperons, dans la quatrième, des tribunaux administratifs, spéciaux et exceptionnels.

TROISIÈME PARTIE.

ORGANISATION ET ATTRIBUTIONS DE L'AUTORITÉ JUDICIAIRE DANS SES DIVERS DEGRÉS.

XIVe LEÇON.

De l'autorité judiciaire. — Son but ; défendre les intérêts des citoyens et ceux de l'autorité.

D. Suffit-il d'avoir institué dans un État des fonctionnaires ou préposés de l'autorité, qui prennent une part plus ou moins active à la direction des affaires publiques ?

R. Non. L'organisation sociale serait incomplète, s'il n'existait un pouvoir indépendant, chargé de protéger les droits des citoyens et de réprimer les atteintes portées à la loi. Ce pouvoir tutélaire existe en France, avec des attributions plus ou moins étendues, suivant la sphère dans laquelle il est placé : c'est l'autorité judiciaire.

D. Faites-nous connaître son but et ses principales attributions.

R. L'autorité judiciaire a un but spécial et des attributions distinctes de celles de tous les autres pouvoirs. Ceux-ci posent des règles générales ; celle-là est chargée de les faire observer. Ils s'adressent aux masses quand ses décisions ne s'appliquent qu'aux individus. C'est à l'autorité judiciaire qu'est confiée la garde des lois.

Elle a aussi d'autres attributions non moins importantes. — Les intérêts privés se trouvent souvent en conflit : un droit légitime est contesté; une prétention inadmissible est présentée comme un droit ; et nul n'est disposé à céder, dans ces luttes journalières où l'amour-propre et l'intérêt personnel jouent d'ordinaire un si grand rôle. Il faut un arbitre pour prononcer; et cet arbitre, qui commande le respect de tous, est la justice.

D. Précisez bien la double mission confiée à l'autorité judiciaire.

R. Défendre les intérêts privés des citoyens et les intérêts généraux de la société, telle est la double mission que l'autorité judiciaire est appelée à remplir.

La loi est une règle obligatoire pour tous ; et l'ordre social serait incessamment troublé, si chacun pouvait substituer sa volonté personnelle à la volonté toute-puissante de la loi.

Les meilleures lois elles-mêmes seraient inefficaces, à défaut d'une application sage et intelligente : aussi a-t-on dit, avec raison, que le juge complétait l'œuvre du législateur.

Les lois n'ont prévu que les cas généraux ; de nombreuses difficultés peuvent souvent se présenter dans leur application. Résoudre ces difficultés ; appliquer avec discernement des dispositions générales à une foule de circonstances particulières, telle est aussi la mission des tribunaux.

D. Expliquez-nous comment l'infraction de la loi peut

blesser deux intérêts différents, que la justice doit également protéger et défendre.

R. Faire ce que la loi défend, ou ne pas faire ce qu'elle ordonne, c'est méconnaître ses devoirs de citoyen. Ici il y a deux intérêts à protéger : celui de la société elle-même, qui souffre une atteinte à sa souveraineté, dont la loi est l'expression, et celui du particulier, qui peut avoir été lésé par le fait ou par l'acte contraire à la loi.

Un double dommage exige une double réparation : l'une à l'égard de la société, l'autre à l'égard de la personne qui a éprouvé un préjudice. La réparation envers la société consiste dans l'application de la peine infligée à l'infraction, et qui est plus ou moins forte, suivant que cette infraction constitue elle-même une simple contravention, un délit ou un crime.

Quant à la réparation à l'égard de la partie lésée, elle se réduit à une condamnation pécuniaire, qui est l'équivalent du dommage souffert.

D. Les deux intérêts que vous venez de signaler donnent-ils lieu à deux actions différentes, qui peuvent être exercées ensemble ou séparément ?

R. Oui ; dans toutes les circonstances où il s'agit d'un délit préjudiciable à un tiers, on trouve la base d'une action publique et d'une action civile.

L'exercice de la première appartient au magistrat attaché à chaque juridiction, comme le défenseur des droits de la société.

L'action civile ne devant avoir de résultat que dans l'intérêt de la partie qui a éprouvé un dommage, c'est elle seule qui peut l'exercer.

Quelquefois le fait criminel n'a lésé aucun intérêt privé. Quelquefois aussi, la partie qui a éprouvé un dommage s'abstient, pour un motif quelconque, d'en demander la réparation. Dans l'un et l'autre cas, l'action publique n'en a pas moins son cours, parce que l'intérêt public ne doit jamais être subordonné à l'intérêt privé.

D. Pouvez-vous signaler les avantages qui résultent de l'intervention de la justice, dans les débats de tout genre qui s'élèvent entre les citoyens ?

R. Cette intervention peut seule maintenir l'ordre et l'harmonie dans la société.

La force et l'adresse triomphent, en général, dans le monde ; il n'en est pas ainsi devant la justice. Là le faible et l'ignorant l'emportent sur le fort et le savant, s'ils ont le bon droit pour eux.

L'égalité devant la loi est l'avantage le plus précieux assuré aux citoyens dans une bonne organisation sociale ; et cette égalité n'existe réellement que lorsque des magistrats indépendants président à une exacte répartition de la justice.

Les droits les plus sacrés se trouvent ici placés sous la protection immédiate de l'autorité judiciaire. La propriété, l'état des hommes dans la famille et dans la société, la foi due aux contrats, les conventions diverses qui sont la consécration ou la preuve des transactions sociales ; en un mot, les débats de tout genre qui s'élèvent sur des intérêts ou des droits d'une nature quelconque, tout rentre dans les attributions de la justice. Son sanctuaire n'est jamais fermé à ceux qui ont à faire valoir une réclamation légitime, ou à repousser une prétention injuste.

En résumé, les magistrats exercent deux juridictions bien distinctes : la juridiction civile et la juridiction criminelle. Ils les exercent, avec plus ou moins d'étendue, suivant le degré qu'ils occupent dans la hiérarchie judiciaire.

D. Convenait-il de multiplier indéfiniment ou de restreindre dans des limites trop étroites le nombre des tribunaux ?

R. La difficulté était sérieuse, dans une organisation aussi importante. En multipliant trop le nombre des tribunaux, on avait à craindre d'augmenter le nombre des procès. Des tribunaux trop peu nombreux auraient eu pour inconvénient de rendre l'accès de la justice plus difficile aux pauvres qu'aux riches, par les frais qu'un déplacement entraîne toujours.

Ici, on a pris un moyen terme, dont une longue expérience a démontré la sagesse.

On a rapproché de l'habitant des campagnes le premier degré de juridiction, celui auquel il a le plus souvent besoin de recourir.

Quant aux juridictions intermédiaires, le siége en a été placé dans chaque chef-lieu d'arrondissement. Certaines villes importantes ont été dotées d'un tribunal supérieur, qui ne prononce que comme juge d'appel, sur des contestations d'une certaine importance.

Enfin, une cour unique, de laquelle ressortent tous les tribunaux de la France, a été instituée dans la capitale, afin d'y concentrer toutes les sommités des pouvoirs publics.

XVe LEÇON.

Juges de paix aux chefs-lieux de cantons. — Objet de leur compétence en matière civile et de police. — Conciliation. — Autres attributions diverses.

D. Faites-nous connaître l'institution des justices de paix.

R. Les justices de paix forment le premier anneau de la chaîne judiciaire. C'est la magistrature la plus rapprochée des justiciables, parce que les citoyens de toutes les classes peuvent être forcés d'y recourir, dans une foule de circonstances diverses.

Le nombre total des juges de paix, en France, est très-considérable. Il y en a un dans le chef-lieu de chaque canton; deux, au moins, dans presque tous les chefs-lieux d'arrondissement; de quatre à six dans certaines villes importantes, et douze à Paris.

D. Quelles sont les principales attributions des juges de paix?

R. Ainsi que nous l'avons fait remarquer, relativement à l'autorité judiciaire en général, les juges de paix embrassent dans leurs attributions les matières civiles et les matières criminelles. Seulement, c'est dans une limite restreinte, parce que le cercle doit s'agrandir à mesure que le pouvoir du magistrat a lui-même plus d'importance.

Les faits punissables, d'après la loi, dont la connaissance est spécialement attribuée aux juges de paix sont les moins graves dans l'échelle de la criminalité, ceux qui sont qualifiés *contraventions*.

Quinze francs d'amende et cinq jours d'emprisonnement, voilà le maximum des peines qui peuvent être infligées à ces faits.

D. Les juges de paix prononcent-ils, exclusivement à tous autres, sur les contraventions?

R. Les juges de paix peuvent seuls connaître : 1° Des contraventions commises dans l'étendue de la commune chef-lieu de canton ; 2° des contraventions à l'égard desquelles la partie qui réclame demande des dommages-intérêts excédant 15 fr. ; 3° des contraventions forestières poursuivies à la requête des particuliers ; 4° des injures verbales.

Quant aux maires des communes non chefs-lieux de canton, ils peuvent statuer, concurremment avec le juge de paix, sur les contraventions commises dans l'étendue de leur commune, par les personnes prises en flagrant délit ou par des personnes qui résident dans la commune ou qui y sont présentes, lorsque les témoins y seront aussi résidents ou présents, et lorsque la partie lésée réclame des dommages-intérêts inférieurs à 15 fr.

D. Les faits qui constituent des contraventions de police sont-ils légalement déterminés et classés?

R. Le code pénal les divise en trois classes, en même temps qu'il précise les divers faits dont se compose chacune d'elles, et qu'il gradue les peines d'amende et d'emprisonnement à appliquer.

Les contraventions de la première classe, au nombre de quinze (on les trouve indiquées en détail dans l'article 471 du code pénal), sont passibles d'amende, depuis un franc jusqu'à cinq francs inclusivement. La peine de l'emprisonnement pendant trois jours au plus peut être prononcée, à l'égard de quelques-uns des faits énoncés dans l'article 473. Elle doit être toujours prononcée, en cas de récidive, c'est-à-dire lorsque, dans les douze mois précédents, il a été rendu, contre les personnes poursuivies, un jugement pour contravention de police commise dans le ressort du même tribunal.

Les contraventions de la deuxième classe, également au nombre de quinze, sont punies d'une amende de six francs à dix francs inclusivement. L'emprisonnement pendant trois jours, et même la confiscation des objets, peuvent être prononcés, dans certains cas prévus par les articles 476 et 477; et la peine de cinq jours d'emprisonnement est toujours encourue par la récidive.

Enfin les contraventions de la troisième classe, au nombre de douze, sont passibles d'une amende de dix francs à quinze francs. Cinq de ces contraventions indiquées dans l'article 480 peuvent aussi être punies d'un emprisonnement de cinq jours, qui doit être prononcé, dans tous les cas, s'il y a récidive.

D. Quel est le fonctionnaire chargé d'exercer l'action publique, en matière de police?

R. Les fonctions du ministère public auprès du juge de paix, prononçant comme juge de police, sont remplies par le commissaire de police du chef-lieu de canton.

Dans les communes où le maire est juge des contraventions en matière de police, c'est l'adjoint qui remplit les fonctions du ministère public. En l'absence de l'adjoint, ou lorsque l'adjoint remplace le maire comme juge de police, le ministère public est exercé par un membre du conseil municipal désigné à cet effet par le procureur de la République pour une année entière.

D. Quel doit être le but de toute bonne organisation judiciaire? Ce but se trouve-t-il atteint par l'institution de nos divers tribunaux?

R. Faire rendre justice aux citoyens, en les exposant aux moindres frais et en leur offrant les meilleures garanties, tel est le but que le législateur devait se proposer.

Il l'a atteint autant que cela était possible: 1° En soumettant à un seul tribunal les affaires qui ne présenteraient pas une grande importance; de telle sorte que le jugement rendu par ce tribunal mît un terme au procès; c'est ce qu'on appelle juger en *dernier ressort*; 2° en établissant deux degrés de juridiction, pour les affaires dont l'objet dépasse une certaine somme, afin que la partie qui croit avoir à se plaindre du jugement rendu contre elle puisse le soumettre à la révision d'un tribunal supérieur.

Dans ce système, il a fallu fixer, soit pour les juges de paix, soit pour les tribunaux civils, la limite jusqu'à laquelle ils pouvaient juger en dernier ressort. L'appel des jugements des juges de paix est porté devant les tribunaux de première instance; et celui des tribunaux de première instance devant les cours d'appel, qui ne connaissent directement que d'un petit nombre d'affaires spéciales.

D. Faites-nous connaître les attributions des juges de paix en matière civile.

R. Ces attributions ont été réglées par la loi du 25 mai 1838. En voici le résumé:

Toutes les actions purement personnelles et mobilières (c'est-à-dire, celles qui ne concernent ni l'état des citoyens, ni les propriétés immobilières) sont dans les attributions des juges de paix, qui peuvent prononcer en dernier ressort jusqu'à la valeur de 100 francs, et à charge d'appel, jusqu'à la valeur de 200 francs.

Les juges de paix prononcent, en dernier ressort, jusqu'à 100 fr., *et en premier ressort jusqu'à* 1,500 fr., sur les contestations entre les hôteliers, aubergistes ou logeurs, et les voyageurs ou locataires en garni ; entre les voyageurs et les voituriers ou bateliers.

Ils connaissent aussi, sans appel, jusqu'à la valeur de 100 fr., et à charge d'appel, *à quelque somme que la demande puisse monter*, de toutes demandes relatives aux baux qui ne dépassent pas 200 fr., et 400 fr. à Paris.

Les demandes respectives d'indemnité formées par les locataires ou fermiers et les propriétaires sont aussi de la compétence du juge de paix, en dernier ressort, jusqu'à 100 fr., et à charge d'appel jusqu'à 1,500 fr.

Les juges de paix connaissent sans appel jusqu'à la valeur de 100 fr., et en premier ressort, à quelque somme que la demande puisse monter : 1° des actions pour dommages faits aux champs, fruits et récoltes, et de celles relatives à l'élagage des arbres ou haies, et au curage soit des fossés, soit des canaux servant à l'irrigation des propriétés ou au mouvement des usines, lorsque les droits de propriété ou de servitude ne sont pas contestés ; 2° des réparations locatives des maisons ou fermes mises par la loi à la charge du locataire ou fermier ; 3° des contestations relatives aux engagements respectifs des gens de travail au jour, au mois ou à l'année, et de ceux qui les emploient; des maîtres et des domestiques ou des gens de service à gages; des maîtres et de leurs ouvriers ou apprentis; 4° des contestations relatives au payement des nourrices.

Enfin, les juges de paix connaissent, mais à charge d'appel, 1° des entreprises commises dans l'année, sur les cours d'eau servant à l'irrigation des propriétés ou au mouvement des usines et moulins; des actions possessoires fondées sur des faits commis dans l'année; 2° des actions en bornage, et de celles relatives à la distance prescrite pour la plantation d'arbres ou de haies, lorsque la propriété ou les titres qui l'établissent ne sont pas contestés; 3° des actions relatives aux constructions de diverse nature faites près des murs mitoyens, quand la propriété ou la mitoyenneté des murs ne sont pas contestées; 4° des demandes en pension alimentaire n'excédant pas 50 fr. par an, lorsqu'elles sont formées par des ascendants contre des descendants et réciproquement.

D. Le juge de paix n'est-il pas appelé à intervenir, même dans les affaires sur lesquelles il ne peut prononcer comme juge?

R. Le législateur a pensé, avec raison, qu'il était utile de tenter un rapprochement entre les parties, au moment où un procès sérieux va s'engager entre elles; et il a voulu, qu'avant de saisir le tribunal ordinaire de son action, le demandeur appelât le défendeur en conciliation devant le juge de paix; si bien qu'aucune demande n'est admise en justice, sans être accompagnée d'un procès-verbal de ce magistrat, établissant qu'il a inutilement tenté de concilier les parties.

Si le vœu du législateur était bien rempli; que, d'un côté, le juge de paix fût toujours pénétré de l'importance de la mission qui lui est confiée; que, d'un autre côté, les parties se présentassent à lui, avec le désir bien sérieux de maintenir ou de rétablir la bonne harmonie entre elles, par des concessions réciproques, le nombre des procès tendrait à diminuer, au grand avantage de toutes les classes de citoyens. Il faut donc que le bon vouloir de chacun seconde ici l'intention morale du législateur, afin qu'une sage prescription ne dégénère pas en une vaine formalité.

D. Outre les nombreuses attributions, comme juge au civil et au criminel, et comme magistrat conciliateur, le juge de paix n'est-il pas encore appelé à concourir à plusieurs actes importants ?

R. Oui. Le juge de paix est chargé d'apposer les scellés après faillite et décès, pour empêcher la soustraction des meubles et valeurs mobilières, au préjudice des créanciers ou des héritiers. Cette apposition de scellés rigoureusement exigée à la suite d'une faillite, l'est aussi, en matière de succession, lorsqu'il y a des héritiers mineurs ou absents.

C'est aussi le juge de paix qui convoque et préside les conseils de famille, pour la nomination des tuteurs, curateurs et subrogés tuteurs; ou lorsqu'il s'agit d'autoriser l'aliénation d'immeubles appartenant à des mineurs ou à des interdits.

Le juge de paix est membre de droit du comité supérieur d'instruction primaire.

Enfin, la loi confie au juge de paix la surveillance des établissements d'aliénés qui se trouvent dans son canton.

Sans doute, la position de ce magistrat est modeste, dans la hiérarchie judiciaire : mais il n'en est pas de plus utile. Il n'en est pas aussi qui, dans l'exercice de ses fonctions, ait besoin de plus d'expérience, de zèle et de sympathie pour ses concitoyens.

XVIe LEÇON.

Tribunaux civils. — Leur compétence. — Cours d'assises. — Lieux où elles siégent. — Comment elles se composent. — Tribunaux de commerce.

D. Où siégent les tribunaux civils ou de première instance, et quelle est leur composition?

R. Il y a un tribunal civil dans chaque chef-lieu d'arrondissement : aussi ce tribunal est-il nommé *tribunal d'arrondissement* à cause de sa circonscription, ou *tribunal de première instance*, parce que toutes les affaires, sauf celles qui se trouvent dans les attributions spéciales des juges de paix, sont portées directement devant lui, et qu'il forme le premier degré de juridiction proprement dit.

Ce tribunal est composé d'un président et d'un certain nombre de juges, qui varie suivant l'importance du ressort, mais qui ne peut être inférieur à deux. Un, deux, ou même un plus grand nombre de juges suppléants sont en outre attachés à chaque tribunal, afin d'assurer la régularité du service, en cas de maladie, d'absence ou de révocation d'un ou plusieurs juges titulaires.

Un membre du tribunal, ayant le titre de *juge d'instruction*, est spécialement chargé des divers actes préliminaires qui constituent l'information et la procédure criminelle.

Un procureur de la République est attaché à chaque tribunal; il est l'organe de la société, et c'est à lui qu'appartient la poursuite de l'action publique; dans toutes les circonstances où son intervention est exigée, par exemple, dans les affaires qui intéressent les femmes mariées, les mineurs, les interdits et les absents, il donne des conclusions, mais il ne concourt pas au jugement. Le procureur de la République est assisté d'un ou plusieurs substituts qui le secondent dans l'exercice de ses fonctions, et peuvent même le remplacer momentanément.

D. Faites-nous connaître les attributions des tribunaux d'arrondissement, soit en matière civile, soit en matière criminelle.

R. Ces tribunaux sont préposés à l'administration de la justice civile et criminelle, dans tout le ressort de l'arrondissement.

On n'a besoin d'entrer dans aucun détail, pour faire connaître les attributions du tribunal de première instance dans les matières civiles.

Toutes les contestations, d'une nature et d'une importance quelconques, qui dépassent les attributions spéciales du juge de paix, telles que nous les avons indiquées dans la précédente leçon, doivent être portées devant le tribunal d'arrondissement

Il s'agit seulement de savoir si le jugement doit être rendu en premier ou en dernier ressort ; et à cet égard, voici quelle est la limite tracée par la loi :

« Les actions personnelles et mobilières, jusqu'à la valeur de 1,500 fr. de principal, et les actions immobilières jusqu'à 60 fr. de revenu déterminé soit en rentes, soit par le prix du bail, sont jugées en dernier ressort.— Si l'objet du litige est plus important, le jugement est susceptible d'appel. »

Cette règle cesse d'être applicable lorsque le tribunal prononce sur l'appel d'un jugement rendu par le juge de paix. Dans ce cas, quelle que soit l'importance de la somme, le jugement du tribunal est en dernier ressort.

D. Pourquoi une telle exception dans ce cas ?

R. Parce que la même affaire ne peut successivement être soumise à plus de deux tribunaux différents ; de sorte qu'elle doit être définitivement jugée par le second tribunal qui en est saisi.

Le recours en cassation, qui est toujours ouvert contre les décisions judiciaires en dernier ressort, de quelque juridiction qu'elles émanent, n'a nullement pour but, ainsi que nous l'expliquerons plus tard, de faire révoquer ou modifier la condamnation première.

D. Les tribunaux d'arrondissement constituent-ils tout à la fois un premier et un second degré de juridiction, dans les affaires civiles comme dans les affaires criminelles ?

R. Nous venons de voir qu'il en est ainsi dans les affaires civiles, selon que ces affaires sont portées directement devant eux ou qu'ils ont à prononcer sur l'appel des jugements rendus par les juges de paix.

Il en en est de même en matière criminelle. Les jugements des tribunaux de police qui prononcent la peine de l'emprisonnement ou une amende de plus de cinq francs peuvent être attaqués devant les tribunaux d'arrondissement, qui prononcent alors en dernier ressort.

Mais si le fait présente un caractère de criminalité plus grave que la contravention ; s'il constitue un délit, le tribunal de police ne peut en connaître ; et l'action est directement portée devant le tribunal d'arrondissement, qui prononce alors en premier ressort.

Dans ces deux cas, sans modifier son personnel, le tribunal prononce comme tribunal de *police correctionnelle*.

D. Quels sont les faits qualifiés délits, dont la connaissance appartient aux tribunaux d'arrondissement ?

R. Les faits répréhensibles portant atteinte à la chose publique, aux personnes ou aux propriétés qui constituent des délits d'après la loi, sont ceux qu'on punit d'un emprisonnement dont le *maximum* est fixé à cinq ans. On trouve dans le code pénal la nomenclature de ces divers faits.

Voici quelques-uns des délits appartenant aux diverses catégories établies par la loi pénale : Les outrages et violences envers les dépositaires ou agents de l'autorité et de la force publique, — les attentats aux mœurs sans circonstances aggravantes, — les injures proférées dans un lieu public, — les coups et blessures, — le vol et l'escroquerie.

D. Y a-t-il des faits criminels qui présentent un caractère plus grave que le simple délit?

R. Oui, au-dessus des délits correctionnels il existe des faits plus graves, qui forment le dernier degré dans l'échelle de la criminalité. Ce sont ceux auxquels sont infligées des peines afflictives ou infamantes, et dont quelques-uns même sont punis de mort.

Après avoir subi l'épreuve d'une instruction préliminaire à deux degrés, d'abord devant le tribunal de première instance, ensuite devant la cour d'appel, les accusés sont traduits devant la cour d'assises et jugés par le jury.

D. Comment se forment et où siégent les cours d'assises?

R. Les cours d'assises ne constituent pas un tribunal permanent; elles ont une session, à des intervalles réglés, dans chaque chef-lieu de département.

Dans celui où siége la cour d'appel, elles sont composées de trois conseillers de cette cour, dont l'un remplit les fonctions de président et est chargé, à ce titre, de la direction des débats.

Dans les autres départements, la cour d'assises est composée 1° d'un conseiller à la cour d'appel délégué à cet effet et qui la préside; 2° de deux juges pris, soit parmi les magistrats de la cour d'appel, lorsque celle-ci juge convenable de les adjoindre au président délégué, soit parmi les présidents ou juges du tribunal de première instance du lieu où siége la cour d'assises; 3° du procureur de la République près de ce tribunal ou de l'un de ses substituts chargé de soutenir l'accusation et de requérir l'application de la peine.

Les fonctions du ministère public auprès de la cour d'assises, dans le département où siége la cour d'appel sont remplies soit par le procureur général lui-même, soit par un de ses avocats généraux ou substituts.

D. Qui prononce sur les accusations criminelles portées devant la cour d'assises ?

R. Ce n'est pas par les magistrats dont se compose la cour d'assises que les accusés sont jugés, mais par douze citoyens tirés au sort, pour chaque affaire particulière, sur une liste arrêtée d'avance et notifiée à l'individu traduit en justice, afin qu'il puisse exercer ses récusations, dans les limites fixées par la loi.

L'institution du jury est depuis longtemps considérée comme une de nos garanties constitutionnelles.

Du reste, le jury ne constitue pas aujourd'hui, comme sous les précédents gouvernements, une sorte de corps privilégié. On est juré comme on est électeur, de plein droit. La loi n'a exigé d'autre condition que d'être âgé de vingt-cinq ans au moins, et de n'être frappé d'aucune interdiction civile.

D. Expliquez-nous comment se forme la liste du jury,

R. Chaque commune fournit sa liste de jurés ; et la réunion de toutes ces listes compose le jury du département.

Sur la liste générale le conseil général du département forme une liste composée d'un nombre suffisant de jurés pour le service annuel de la cour d'assises, d'après laquelle, au moyen d'un tirage au sort, la cour d'appel désigne les quarante citoyens qui doivent former le jury de la session.

Au moyen d'un tirage sur cette dernière liste et des récusations que l'accusé et le ministère public peuvent alternativement exercer, le président de la cour d'assises forme un jury de douze membres, pour chaque affaire portée devant la cour.

D. Comment le jury rend-il sa déclaration?

R. La déclaration du jury résulte de sa réponse aux questions qui lui sont soumises par le président, après la clôture des débats.

Elle se formule d'ordinaire en ces termes : « *Oui, l'accusé est coupable ; — Non, l'accusé n'est pas coupable.* »— Oui ou non, sur chacune des questions qui se rattachent aux circonstances aggravantes.

Le jury, avant de se retirer dans la chambre de ses délibérations, est averti par le président, que s'il pense, à la majorité, qu'il existe des circonstances atténuantes, en faveur de l'accusé reconnu coupable, il doit en faire la déclaration. L'effet des circonstances atténuantes est de faire abaisser d'un degré la peine prononcée par la loi.

D. Pourriez-vous nous expliquer l'effet du concours de simples citoyens et de magistrats, dans le jugement des affaires criminelles?

R. Le président de la cour d'assises est, en quelque sorte, chargé de l'instruction publique du procès, ou en d'autres termes, de chercher si l'accusation est bien ou mal fondée, en interrogeant l'accusé, en interpellant les témoins produits par celui-ci et par le ministère public, ou même en appelant aux débats, comme experts, des personnes qui peuvent éclairer la justice, sur la nature ou les conséquences de certains faits.

Quand tous les moyens d'arriver à la constatation de la vérité ont été ainsi épuisés, le ministère public et le défenseur prennent successivement la parole, l'un pour soutenir l'accusation si elle lui paraît justifiée, l'autre pour la combattre.

Le président prononce la clôture des débats et en présente le résumé, à la suite duquel il remet au chef du jury la série des questions qu'il est appelé à résoudre.

Les jurés ne donnent leur déclaration, que sur les faits matériels constituant la culpabilité ou l'innocence de l'accusé ; de telle sorte qu'il se trouve absous ou condamné par l'effet de cette déclaration, quoique la justice n'ait pas encore prononcé.

Si elle est favorable à l'accusé, le président de la cour prononce l'ordonnance d'acquittement, d'après laquelle il est mis sur-le-champ en liberté.

Au contraire, si l'accusé est déclaré coupable, le ministère public requiert contre lui l'application de la loi pénale ; et les magistrats prononcent l'arrêt de condamnation.

D. N'existe-t-il pas, dans chaque arrondissement, un tribunal spécial pour les affaires de commerce ?

R. Outre le tribunal de première instance, préposé au jugement des affaires civiles et correctionnelles, il y a, dans chaque arrondissement, un tribunal de commerce devant lequel sont portées les contestations entre marchands et négociants.

Ce tribunal est composé de membres élus par les commerçants de l'arrondissement, réunis au chef-lieu.

Toutefois, dans les arrondissements qui ne présentent

pas une grande importance commerciale, le tribunal civil consacre une audience, par semaine ou par quinzaine, à l'expédition des affaires commerciales, à défaut d'un tribunal spécial.

D. Relativement à l'étendue de la juridiction, y a-t-il une différence, entre les tribunaux civils et les tribunaux de commerce ?

R. Les limites du dernier ressort sont absolument les mêmes devant ces deux tribunaux (1,500 fr.) ; seulement, les tribunaux de commerce prononcent d'ordinaire la contrainte par corps contre la partie condamnée ; tandis que ce n'est que dans un petit nombre de cas exceptionnels, que les tribunaux civils autorisent ce mode rigoureux d'exécution.

Devant les tribunaux de commerce, la procédure est plus rapide et moins coûteuse.

L'appel des jugements de commerce, comme celui des jugements civils, est porté devant la cour d'appel.

DIX-SEPTIÈME LEÇON.

Cours d'appel. — Leur nombre. — Leurs attributions.

D. Les tribunaux sont-ils moins nombreux, en remontant les divers degrés de la hiérarchie judiciaire ?

R. Oui, sans doute ; à mesure qu'ils s'élèvent en juridiction, les tribunaux sont moins nombreux ; et il devait en être ainsi, puisque chaque grand corps judiciaire exerce une sorte de suprématie sur les tribunaux qui siégent dans son ressort.

Ainsi, les juges de paix, qui forment le premier degré, dans notre organisation judiciaire, sont en nombre égal à celui des cantons; et les tribunaux de première instance, qui constituent le degré immédiatement supérieur aux juges de paix, sont beaucoup moins nombreux, puisque chacun de ces tribunaux a, en moyenne, de quatre à dix justices de paix dans son ressort.

D. La même différence existe-t-elle, entre le nombre des tribunaux de première instance et celui des cours d'appel ?

R. Elle est plus considérable encore.

En effet, le ressort de ces cours comprend en général deux ou trois départements; et comme chacun des départements est divisé lui-même en trois, quatre ou cinq arrondissements, il en résulte que le nombre des tribunaux de première instance ressortissant de la même cour d'appel varie de huit à quinze.

La circonscription judiciaire de la France se compose de trente-quatre cours d'appel.

D. Quelle est la mission des cours d'appel?

R. Ainsi que nous l'avons fait remarquer, dans les affaires d'une certaine importance, il était convenable d'offrir aux justiciables la garantie d'une double épreuve judiciaire.

La partie qui a perdu son procès devant un tribunal civil ou devant un tribunal de commerce, peut se pourvoir en appel, c'est-à-dire, recommencer le procès devant la cour composée d'un plus grand nombre de magistrats. Quel que soit le résultat du débat judiciaire devant ce second tribunal, il est définitif; et le procès est perdu pour celui qui a succombé devant la cour d'appel, sauf la voie extraordinaire du recours en cassation, dont nous aurons à parler plus tard.

D. Il n'y a donc que deux degrés de juridiction en matière civile?

R. Oui; cette règle est générale, quel que soit le point de départ du débat judiciaire; car il importe de ne pas prolonger indéfiniment les procès.

Ainsi, quand les tribunaux de première instance ont prononcé, comme juges d'appel, sur un litige porté devant le juge de paix, on ne peut se pourvoir contre leur jugement, parce que les deux degrés de juridiction sont épuisés. Dans ce cas, et quel que soit l'objet du débat, ce jugement est en dernier ressort, comme s'il s'agissait d'une somme inférieure à 1,500 fr.

D. La règle des deux degrés de juridiction s'applique-t-elle en matière criminelle, comme en matière civile? Dans l'affirmative, quel est le tribunal qui doit connaître de l'appel, suivant la nature du fait qui motive la poursuite?

R. Cette règle reçoit toujours son application, excepté dans les questions soumises au jury; car ce serait pervertir cette grande institution, que de soumettre à un recours quelconque sa déclaration, sur la culpabilité ou l'innocence de l'accusé. Du reste, les garanties qui peuvent résulter du recours en appel, dans les circonstances ordinaires, se trouvent ici compensées par la double instruction préliminaire à laquelle les affaires criminelles donnent lieu, avant le renvoi de l'accusé devant la cour d'assises.

Les tribunaux d'arrondissement, en même temps qu'ils ont à prononcer sur l'appel des jugements rendus, en matière de police, par le juge de paix, ont une juridiction qui leur est propre ; car ils statuent en premier ressort sur les délits correctionnels.

La voie de l'appel devait nécessairement être ouverte contre les jugements rendus en pareille matière ; puisqu'ils frappent en général un citoyen dans sa fortune et dans son honneur, ou même dans sa liberté.

D. Est-ce toujours devant la cour d'appel que l'on doit se pourvoir contre les jugements rendus en police correctionnelle ?

R. Non ; comme la présence des parties aux débats est d'ordinaire exigée, on a voulu, autant que cela était possible, leur épargner des déplacements pénibles et coûteux.

Dans le département où siége la cour d'appel, c'est devant elle que sont portés les appels des jugements rendus en police correctionnelle.

Dans les autres départements, l'appel de ces jugements est porté devant le tribunal du chef-lieu.

Quant aux jugements rendus par les tribunaux des chefs-lieux de département, les appels sont portés au tribunal du chef-lieu du département voisin, s'il est dans le ressort de la cour, ou devant cette cour elle-même, lorsque la distance de la ville où elle siége n'est pas plus considérable que celle du chef-lieu d'un autre département.

D. Quelle est, en général, l'organisation des cours d'appel ?

R. Les attributions diverses, conférées aux cours d'appel, ont nécessité leur division en plusieurs chambres.

Il y a, d'abord, deux, trois ou même quatre chambres civiles, suivant l'importance du ressort; ensuite, une chambre des appels de police correctionnelle, qui s'occupe aussi, en général, des affaires civiles sommaires, c'est-à-dire de celles qui sont urgentes, de leur nature, et peuvent être jugées à l'audience, sans instruction écrite.

Enfin, une chambre des mises en accusation, devant laquelle sont portées les affaires de grand criminel, pour en compléter l'instruction et prononcer, s'il y a lieu, le renvoi des accusés devant la cour d'assises.

D. Les cours d'appel prononcent-elles toujours, comme second degré de juridiction, sur des affaires d'abord soumises à un premier tribunal?

R. Telle est la règle générale; toutefois, dans certaines circonstances, l'intervention de la cour d'appel est rigoureusement exigée, quoiqu'il n'existe pas de litige proprement dit. Ainsi, en matière d'adoption, c'est-à-dire lorsqu'il s'agit de conférer à un étranger les droits d'un enfant légitime, la cour d'appel doit nécessairement déclarer, s'il y a lieu ou s'il n'y a pas lieu à adoption.

Dans certains cas spéciaux, les affaires doivent aussi être portées directement devant la cour d'appel, sans être soumises à un premier degré de juridiction : par exemple, lorsqu'il s'agit de poursuites dirigées contre des fonctionnaires publics ou agents de l'autorité, ou de la solution de certaines questions, telles que celles qui se rattachent à l'exercice des droits électoraux.

D. Quelles sont les principales attributions des procureurs généraux près les cours d'appel?

R. Ils sont les chefs du parquet; et à ce titre, ils règlent le service, soit au civil, soit au criminel, des avocats généraux et substituts placés sous leurs ordres.

C'est par leur intermédiaire que le ministre de la justice transmet ses instructions à tous les officiers du ministère public et à tous les tribunaux du ressort.

Enfin, les procureurs généraux sont investis d'un droit de surveillance et de censure, à l'égard des magistrats de tous les degrés, qui exercent leurs fonctions dans la circonscription de la cour; et à ce titre, on peut les considérer comme les premiers agents du pouvoir exécutif.

DIX-HUITIÈME LEÇON.

Officiers ministériels et défenseurs près des divers tribunaux. — Conseils à cet égard.

D. Quels sont les officiers ministériels, dont l'intervention est obligée dans tous les débats judiciaires?

R. Ce sont d'abord les huissiers, que l'on peut considérer comme les introducteurs des plaideurs, dans le sanctuaire de la justice.

C'est par leur ministère, que le demandeur appelle devant les tribunaux l'adversaire contre lequel il a une réclamation à former, au moyen d'un acte appelé citation ou assignation, dans lequel sa demande se trouve formulée. L'huissier constate la remise par lui faite de cette assignation à la personne ou au domicile du défendeur;

de sorte que celui-ci se trouve ainsi légalement mis en demeure de se présenter, devant le tribunal appelé à juger.

D. Les fonctions de l'huissier se réduisent-elles à l'acte important dont vous venez de parler?

R. Non; si c'est par un acte d'huissier que tout procès se trouve engagé, l'intervention de cet officier ministériel est également indispensable, dans le dénoûment du débat judiciaire.

En effet, il intervient, sur la demande, une décision du tribunal qui l'accueille ou la repouse: dans le premier cas, une condamnation intervient contre la partie défenderesse; dans le second cas, le demandeur est déclaré mal fondé dans sa prétention et condamné aux frais du procès. Le jugement, quel qu'il soit, doit être exécuté contre la partie qui succombe; et c'est encore par l'huissier que cette exécution doit être suivie, après la signification du jugement lui-même, qui est l'acte préalable à toute poursuite.

Enfin, pendant le cours du débat dont le tribunal est saisi, il s'établit entre les avoués des demandeurs et des défendeurs, un échange d'actes tendant à l'instruction du procès; et c'est encore l'huissier qui est chargé de la signification de ces actes.

Du reste, l'intervention de cet officier ministériel est, en quelque sorte, toute matérielle. Ce n'est pas à lui qu'il convient de s'adresser, soit pour l'introduction, soit pour la direction du procès; il ne doit qu'exécuter les ordres et les instructions qui lui sont donnés par les conseils des parties.

D. Faites-nous connaître la mission que les avoués ont à remplir dans les débats judiciaires.

R. Dans un ordre hiérarchique plus élevé, se trouvent des officiers ministériels institués auprès de divers tribunaux, pour y représenter les parties et faire les actes nombreux d'instruction et de procédure, dans tout l'intervalle qui s'écoule entre la demande et le jugement.

L'intervention des avoués, dans les débats judiciaires, est obligatoire, en ce sens, qu'une partie ne peut se présenter en justice, sans être assistée d'un avoué.

Il y a des avoués auprès des tribunaux de première instance, ainsi qu'auprès des cours d'appel. Il n'en existe pas auprès des justices de paix, ni des tribunaux de commerce ; aussi, les procédures y sont-elles plus rapides et moins coûteuses.

D. Suffit-il d'employer dans un procès le ministère des avoués ?

R. Dans certains tribunaux, dont le ressort est peu étendu, le fardeau des affaires contentieuses pèse tout entier sur les avoués. Après avoir rédigé les actes d'instruction dans le cabinet, ils présentent à l'audience la défense verbale de leurs clients ; et quand les avoués ont l'habitude de la plaidoirie, il peut y avoir quelque avantage, à ce que les procès soient soumis à une direction unique.

Quelquefois aussi les travaux de l'audience sont répartis entre les avocats et les avoués. Auprès des cours d'appel et des tribunaux de première instance, où il existe un collége d'avocats, ceux-ci sont exclusivement chargés de la plaidoirie.

D. Quels sont les conseils auxquels les plaideurs doivent recourir ?

R. C'est auprès des tribunaux de chefs-lieux de département, et surtout auprès des cours d'appel, que les justiciables peuvent espérer de trouver des conseils éclairés ; et ils ne doivent pas hésiter de s'adresser à eux, surtout lorsque de graves intérêts se trouvent en présence.

L'issue des procès dépend presque toujours de la manière dont ils sont engagés et défendus.

C'est surtout avant de porter une demande devant les tribunaux, qu'il importe d'être bien éclairé sur ses droits, afin de n'entrer dans la lice judiciaire, qu'avec la presque certitude de réussir. Il vaut mieux se condamner soi-même d'avance, que d'être condamné plus tard par le juge. Il y a double économie de temps et d'argent.

D. A qui, de l'avocat ou de l'avoué, doit-on d'abord s'adresser de préférence ?

R. Nous pensons qu'il convient de s'adresser, autant que cela est possible, à un avocat plutôt qu'à un avoué, avant de commencer un procès. Deux motifs doivent déterminer cette préférence. Le premier, c'est que par les habitudes de sa profession, l'avoué est plus porté à la lutte judiciaire qu'à la conciliation ; le second, c'est que la responsabilité de l'avocat, chargé en réalité de la défense du client, se trouve plus sérieusement engagée que celle de l'avoué, dont la mission se réduit d'ordinaire à la rédaction des actes d'instruction et de procédure.

D. N'y a-t-il pas même un choix à faire entre les avocats que l'on veut consulter ?

R. En général, lorsqu'il s'agit d'engager un débat judiciaire, on doit s'adresser de préférence aux anciens avocats qui ont quitté la vie active du barreau et continuent, dans la retraite du cabinet, les études de leur profession.

On n'a pas à craindre, de leur part, ces entraînements dont leurs jeunes confrères ne savent pas toujours se défendre. Le désir d'augmenter leur réputation, en plaidant une cause brillante, l'emporte quelquefois sur l'intérêt légitime du client; et il arrive souvent que celui-ci perd son procès, quand l'avocat a lui-même obtenu un beau triomphe.

Si l'ancien avocat a donné un avis favorable à l'introduction de la demande judiciaire, sa mission n'est pas encore entièrement remplie. Pour la complète sécurité du plaideur, lorsque l'importance de l'affaire l'oblige à ne rien négliger pour en assurer le succès, il est prudent de soumettre à la direction de ce sage conseil et l'avoué chargé de suivre la procédure et l'avocat qui doit plaider, afin que tous les efforts soient dirigés avec ensemble vers le même but.

D. Y a-t-il une différence, relativement à la nécessité du ministère de l'avocat et de l'avoué?

R. Le ministère de l'avocat n'est jamais obligatoire; et chacun peut plaider sa cause devant tous les tribunaux.

Sous ce point de vue, il y a peut-être quelque chose de bizarre dans nos institutions judiciaires. Dès qu'un tribunal du premier ou du second degré est saisi d'une demande, le ministère de l'avoué n'est pas d'une grande utilité; et cependant la loi l'impose aux parties.

L'avocat est, au contraire, indispensable au plaideur

qui ne peut faire valoir ses droits ; et son intervention dans les débats judiciaires n'est nullement exigée. Ne serait-on pas tenté de supposer, d'après ce rapprochement, qu'on a eu en vue, d'assurer un monopole à certains officiers ministériels, et des recettes au fisc, dont ils deviennent d'utiles auxiliaires, plutôt que de protéger les intérêts des justiciables ?

DIX-NEUVIÈME LEÇON.

Cour de cassation. — Ses attributions. — Son siége. — Son organisation.

D. Où siége la Cour de cassation ?

R. Les grands corps et les premiers fonctionnaires de l'État sont fixés dans la capitale ; parce que c'est de là que doit partir l'impulsion donnée à toutes les branches de l'administration publique.

Comme le pouvoir exécutif et le pouvoir législatif, l'autorité judiciaire a son centre à Paris : c'est la Cour de cassation.

D. Quelle est la mission de cette Cour, dans notre organisation judiciaire, sous le point de vue de l'intérêt privé ?

R. Ce tribunal est placé en dehors du cercle des juridictions ordinaires. Il est la clef de voûte du grand édifice, dont la justice de paix forme la base.

La Cour de cassation ne connaît pas du fond des procès, et on ne peut lui demander, comme aux cours d'appel, la réformation des décisions judiciaires dont on a à se plaindre. Le droit du plaideur est épuisé, quand il a successivement porté sa demande devant deux degrés de juridiction, ou quand le tribunal auquel il s'est adressé a dû prononcer en dernier ressort. La vérité judiciaire existe ou est réputée exister dans les deux cas ; et il n'est plus permis de la chercher dans de nouvelles épreuves, parce que les procès doivent avoir un terme.

D. La Cour de cassation n'a-t-elle pas un intérêt plus grave à protéger, d'après le but de son institution?

R. Il existe un intérêt plus précieux que celui d'un débat privé, et qui devait exciter toute la sollicitude du législateur ; c'est la scrupuleuse observation de la loi. Une mauvaise appréciation des faits a sans doute des conséquences fâcheuses pour le plaideur qui a été victime d'une erreur judiciaire; la violation de la loi a des conséquences plus fâcheuses encore. C'est une voie ouverte à l'arbitraire ; c'est l'infraction de la règle à laquelle tous doivent se conformer.

Aussi la Cour de cassation accueille-t-elle celui qui vient se plaindre que la loi a été violée, ou faussement appliquée à son préjudice. Il sagit d'une sorte d'action publique intentée dans un intérêt privé. Si le reproche est reconnu fondé, la Cour annulle l'arrêt ou le jugement attaqué ; et la cause est renvoyée devant un autre tribunal, où la partie qui avait perdu son procès a encore la chance d'obtenir gain de cause.

D. A quels tribunaux s'étend la juridiction de la Cour de cassation ?

R. La juridiction de la Cour de cassation s'étend sur toutes les cours et sur tous les tribunaux de la France, parce que tous ont la mission d'appliquer la loi, et qu'ils ont pu se tromper dans l'accomplissement de cette mission difficile.

Ainsi, les jugements rendus par les juges de paix ou par les tribunaux de première instance peuvent être l'objet d'un pourvoi devant la Cour de cassation, comme les arrêts émanés des cours d'appel. Seulement, il faut que ces jugements aient été rendus en dernier ressort; car la voie extraordinaire du recours en cassation n'est ouverte aux parties, qu'après que les voies ordinaires ont été épuisées, c'est-à-dire, lorsqu'il s'agit d'une décision judiciaire qui ne peut être réformée par un tribunal supérieur.

D. Outre l'autorité disciplinaire dont elle est investie, à l'égard de tous les corps judiciaires, la Cour de cassation n'exerce-t-elle pas sa juridiction, dans certaines circonstances, sans avoir été saisie par les parties intéressées?

R. La Cour de cassation est investie du droit de haute censure sur tous les corps judiciaires. Les magistrats les plus éminents sont ses justiciables; car il faut que les interprètes de la loi soient toujours dignes du respect des citoyens.

Sévère contre le juge qui a manqué à ses devoirs, elle protége celui contre lequel se sont déchaînées d'aveugles préventions ou des haines injustes. La loi et la justice pour tous, telle est sa devise.

Les autres tribunaux n'exercent leur juridiction, en matière civile, que lorsqu'un débat s'engage entre les parties intéressées. La Cour de cassation, au contraire, lors même que l'intérêt privé ne réclame pas, agit dans l'intérêt public; et elle annulle d'office, sur le réquisitoire de son procureur général, les arrêts et les jugements en dernier ressort qui sont viciés d'un excès de pouvoirs ou de la violation de la loi.

D. De combien de chambres se compose la Cour de cassation? Comment s'instruisent et se jugent les pourvois en matière civile?

R. La Cour de cassation est divisée en trois chambres : la chambre des requêtes, la chambre civile et la chambre criminelle.

L'annulation d'un arrêt souverain a paru une chose assez grave pour qu'elle ne dût être prononcée, qu'après une double épreuve.

Quand un pourvoi en cassation est formé contre un arrêt ou un jugement rendu en matière civile, il est porté directement devant la chambre des requêtes, où le demandeur se présente seul.

Avant d'être portée à l'audience, l'affaire est examinée par un magistrat de la Cour désigné comme rapporteur, et par l'un des deux avocats généraux de service auprès de cette chambre.

Au jour indiqué, le magistrat fait son rapport à l'audience et discute les moyens présentés à l'appui du pourvoi; l'avocat du demandeur cherche à les justifier; le ministère public donne ses conclusions; et la cour rend son arrêt.

Si le pourvoi est rejeté, l'arrêt donne des motifs particuliers contre chacun des moyens présentés par le demandeur. Dans le cas contraire, l'arrêt est rendu en ces termes : la cour admet la requête.

D. Que se passe-t-il après l'arrêt rendu par la chambre des requêtes?

R. Le rejet du pourvoi prononcé par cette chambre est définitif; la partie qui avait obtenu gain de cause par l'arrêt ou le jugement attaqué, n'a pas même eu besoin de se présenter pour justifier la décision judiciaire rendue en sa faveur; et cette décision termine irrévocablement le procès.

Au contraire, quand le pourvoi est admis par la chambre des requêtes, le débat s'engage contradictoirement. Le demandeur en cassation assigne son adversaire devant la chambre civile, en lui faisant signifier sa requête, le mémoire ampliatif qui l'accompagne d'ordinaire et l'arrêt d'admission. Celui-ci, à son tour, après les délais de l'assignation, lui fait signifier un mémoire en défense, pour réfuter les moyens présentés à l'appui du pourvoi.

Plus tard, l'affaire est plaidée de part et d'autre à l'audience, après un rapport fait par un conseiller de la Cour; le procureur général ou l'avocat général donne ses conclusions; et la Cour prononce un arrêt motivé, qui rejette le pourvoi ou qui annulle la décision attaquée, et renvoie les parties devant un autre tribunal ou une autre cour; car, ainsi que nous l'avons déjà fait remarquer, la Cour de cassation ne prononce jamais elle-même sur le fond des procès.

D. Les pourvois en matière civile sont-ils tous soumis à la double épreuve dont vous venez de parler?

R. Dans certaines matières spéciales, telles que les expropriations forcées, pour cause d'utilité publique, et les questions électorales soumises à la Cour de cassation, le pourvoi est directement porté devant la chambre civile, sans être soumis à l'examen préalable de la chambre des requêtes; et l'on a pu se convaincre, qu'en économisant le temps et les frais qu'exige une double épreuve, ces sortes d'affaires étaient aussi bien jugées que les affaires ordinaires portées successivement devant les deux chambres.

D. Comment est-il statué sur les pourvois en matière criminelle?

R. L'admission préalable n'est pas exigée, dans les affaires de police, de police correctionnelle et de grand criminel. La chambre criminelle de la Cour de cassation est immédiatement saisie du pourvoi, soit que le demandeur se présente seul, soit que le débat s'engage contradictoirement.

Le pourvoi est essentiellement suspensif, en matière criminelle, parce que l'exécution de l'arrêt attaqué serait presque toujours irréparable.

Il n'en est pas ainsi, quand il s'agit d'un jugement ou d'un arrêt rendu sur une contravention de police ou sur un délit correctionnel. Loin de là, pour être admise à se pourvoir, la partie condamnée doit faire acte de soumission à la justice, et se constituer prisonnière, lorsque la peine de l'emprisonnement a été prononcée contre elle.

Le recours en cassation n'est pas non plus suspensif, en matière civile, ce qui rend quelquefois illusoire la cassation de l'arrêt prononcée longtemps après; et quand, par le changement de situation des parties, le demandeur ne peut exercer une action utile contre son adversaire.

D. A la suite de la cassation d'un arrêt rendu en matière criminelle, y a-t-il toujours renvoi devant un autre tribunal ou une autre cour?

R. Une distinction doit être établie à cet égard. La cassation est prononcée, avec renvoi devant d'autres juges, lorsqu'il y a fausse application de la loi pénale aux faits déclarés constants ; il y a, au contraire, annulation du jugement ou de l'arrêt sans renvoi, lorsque les faits incriminés ne présentent pas les caractères du crime, du délit ou de la contravention, dont la peine avait été mal à propos appliquée au demandeur.

On conçoit, en effet, que dans ce dernier cas, il n'y a plus matière à jugement devant un nouveau tribunal.

D. Tous les avocats sont-ils admis à exercer leur ministère auprès de la Cour de cassation?

R. Il y a un collége d'avocats spécialement attachés à la Cour de cassation, et qui exercent leur ministère, exclusivement à tous autres, soit auprès de cette cour, soit auprès du conseil d'état.

Leur nombre est limité à soixante. Ils sont nommés par le chef de l'état, sur la présentation du ministre de la justice. Au moment de leur retraite, on les autorise à présenter un successeur, et à traiter de leur charge.

Ils cumulent les fonctions qu'exercent les avocats et les avoués auprès des autres cours et tribunaux, puisqu'ils sont à la fois chargés de l'instruction et de la défense, soit écrite, soit verbale.

Les avocats inscrits au tableau de la cour d'appel, sont admis à plaider devant la chambre criminelle de la cour de cassation.

D. Exige-t-on une consignation d'amende, de la partie

qui se pourvoit en cassation? Pensez-vous qu'on doive se déterminer légèrement à prendre cette voie extraordinaire, après avoir épuisé les deux degrés de juridiction?

R. En matière civile, comme en matière correctionnelle, le demandeur en cassation est obligé de consigner une amende de 150 fr. (165 fr. avec le décime en sus), qui est acquise au trésor public, quand le pourvoi est rejeté. Il y a même cela de bizarre, qu'on paye une double amende, en matière civile, quand le pourvoi, admis d'abord par la chambre des requêtes, est définitivement rejeté par la chambre civile de la cour.

Il en coûte beaucoup de temps et beaucoup d'argent, quand on veut se pourvoir en cassation : la plupart des pourvois ont, d'ailleurs, une fâcheuse issue, parce que, dans le doute, on incline en faveur de l'arrêt souverain qui a terminé le procès. Il est donc prudent de s'abstenir de ce recours extraordinaire, à moins que la violation de la loi ne soit flagrante, ou que le litige ne présente un grand intérêt. C'est un de ces remèdes héroïques auxquels l'homme sage ne doit recourir que dans des cas extrêmes. Quand on est obligé de soutenir une lutte judiciaire, il faut la terminer le plus promptement possible.

VINGTIÈME LEÇON.

Greffiers institués auprès des divers tribunaux. — Importance de leurs fonctions.

D. N'existe-t-il pas un officier ministériel attaché à chaque tribunal, depuis la justice de paix jusqu'à la Cour de cassation?

R. Oui, c'est le *greffier;* et comme ses attributions sont absolument les mêmes, à tous les degrés de la hiérarchie judiciaire, nous avons différé d'en parler, jusqu'au moment où nous aurions exposé ce qui concerne l'organisation des divers tribunaux.

R. Quelles sont les fonctions des greffiers ?

R. Elles sont de diverses natures :

1° Le greffier assiste aux audiences ; et quand cela est nécessaire, il est chargé de tenir note de ce qui s'y passe d'important. Ainsi, en matière criminelle, correctionnelle et de police, il analyse les dépositions des témoins appelés devant la justice.

2° Il signe la minute des jugements, avec le président du tribunal ou les juges de qui ces jugements émanent : (Art. 138 du code de procédure, et 196 du code d'instruction criminelle.)

3° C'est par les greffiers que sont délivrées les grosses et expéditions de tous les jugements et arrêts, lorsqu'ils doivent être mis à exécution, soit par le ministère public, sur la poursuite duquel ils ont été rendus, soit par les parties, en faveur desquelles ces jugements prononcent une condamnation quelconque.

4° Le greffier a le dépôt et la garde des jugements, ainsi que de tous les actes judiciaires et des actes de l'état civil de l'arrondissement, qui doivent être déposés, chaque année, aux greffes des tribunaux civils.

5° C'est aussi au greffe que doivent être consignés les objets saisis, ainsi que les pièces à conviction, dans les affaires criminelles, correctionnelles et de police.

6° Enfin, le greffier assiste les magistrats, dans les opérations dont ils sont chargés par leur tribunal ou par leur cour ; il rédige et signe avec eux les procès-verbaux auxquels ces opérations donnent lieu.

D. Les greffiers sont-ils révocables à volonté ?

R. Non ; les greffes sont des charges ou offices dont les titulaires sont nommés à vie, et qui peuvent seulement être destitués, pour des malversations ou fautes graves dans l'exercice de leurs fonctions.

D. Pourriez-vous citer certains cas, dans lesquels la loi autorise des poursuites criminelles contre les greffiers ?

R. Aux termes de l'art. 139 du code de procédure, ainsi que de l'article 196 du code d'instruction criminelle, le greffier qui délivrerait expédition d'un jugement, avant qu'il fût signé, serait poursuivi comme faussaire.

D. Comment expliquez-vous une poursuite aussi sévère, dans des circonstances où l'officier ministériel pourrait n'avoir à se reprocher qu'une négligence ou un acte de légèreté ?

R. Les décisions de la justice commandent l'obéissance ; et la force publique, quand les circonstances l'exigent, est elle-même appelée à en assurer l'exécution. Il faut dès lors que leur existence matérielle et légale ne puisse être révoquée en doute ; et comme cette existence n'est établie, à l'égard des tiers, que par la signature du président ou des membres du tribunal, délivrer la grosse ou l'expédition d'un jugement non signé, c'est livrer aux officiers de justice un titre exécutoire, qui ne saurait présenter un tel caractère.

D. Les greffiers ont-ils la faculté de traiter de leur charge et de présenter un successeur ?

R. Oui, cet avantage leur est assuré, comme à la plupart des officiers publics ou ministériels.

D. En quoi consistent leurs émoluments ?

R. En un traitement fixe, et en droits sur les divers actes de leur ministère, notamment sur les expéditions des jugements, rapports, expertises et autres actes judiciaires.

La réunion du traitement fixe et des droits qui leur sont alloués assure aux greffiers, dans les tribunaux ordinaires, des avantages pécuniaires qui égalent ou même dépassent ceux des membres du tribunal auquel ils sont attachés.

A Paris, le greffe du tribunal civil et celui du tribunal de commerce constituent une grande administration, par le nombre des employés qui y sont attachés ; et ses produits, dont le greffier en chef a une bonne part, lui assurent un revenu équivalent à celui des plus hauts fonctionnaires de l'état.

D. Quelle est la position des greffiers, dans la hiérarchie judiciaire ?

R. Ils prennent rang immédiatement après les membres du tribunal auquel ils sont attachés.

Sauf une légère différence dans le galon qui garnit la toge, leur costume est absolument semblable à celui des magistrats, dans les audiences solennelles et les cérémonies publiques.

Les fonctions de greffier exigent la connaissance des lois et une moralité à toute épreuve ; aussi a-t-on vu, il y a quelques années, le greffier de la cour d'appel de Paris, appelé à siéger, comme conseiller, dans cette cour.

QUATRIÈME PARTIE.

TRIBUNAUX ADMINISTRATIFS, EXCEPTIONNELS ET SPÉCIAUX, EN DEHORS DES JURIDICTIONS ORDINAIRES.

VINGT-UNIÈME LEÇON.

Conseils de préfecture. — Leur compétence, leurs principales attributions.

D. Quelle différence pouvez-vous signaler, entre les tribunaux ordinaires et les conseils de préfecture, considérés comme des tribunaux administratifs ?

R. Dans les leçons précédentes nous avons présenté l'ensemble de l'organisation judiciaire, embrassant tous les tribunaux qui fonctionnent en dehors de l'administration, et dans une sphère tout à fait distincte ; mais, outre les procès proprement dits, dans lesquels deux intérêts privés se trouvent en présence, il peut s'élever des difficultés sur des points qui se rattachent, d'une manière plus ou moins directe, à l'administration, et qui constituent ce qu'on appelle le contentieux administratif.

Ici, l'intervention d'un tribunal spécial était indispensable, pour que les tribunaux ordinaires n'eussent pas la faculté d'entraver la marche de l'administration, et de porter une perturbation fâcheuse dans quelques branches des services publics.

Tel est le but que s'est proposé le législateur, en instituant un tribunal administratif, dans chaque chef-lieu de département, sous le titre de *conseil de préfecture.*

D. Pouvez-vous nous indiquer, soit d'après la loi qui a créé les conseils de préfecture, soit d'après le rapport auquel le projet de loi a donné lieu, le but et le caractère de cette institution ?

R. La création des conseils de préfecture appartient à la loi du 27 ventôse an VIII ; et c'est d'après cette loi, que nous avons précédemment indiqué quelques-unes de leurs attributions.

Un passage du rapport qui a accompagné la présentation du projet de loi, fait connaître l'esprit de cette institution, qui a toujours été conservée depuis, sous les divers systèmes de gouvernement qui se sont succédé en France :

« Remettre le contentieux de l'administration à un conseil de préfecture, a paru nécessaire, pour ménager au préfet le temps que demande l'administration ; pour garantir aux personnes intéressées, qu'elles ne seront pas jugées, sur des rapports et des avis de bureaux ; pour donner à la propriété des juges accoutumés au ministère de la justice, à ses règles et à ses formes ; pour donner tout à la fois à l'intérêt particulier et à l'intérêt public la sûreté qu'on ne peut guère attendre du jugement porté par un seul homme... Sous le régime qui a précédé la révolution, une grande partie du contentieux de l'administration était portée devant les tribunaux, qui s'étaient fait un esprit contraire à l'intérêt du trésor public. Leur partialité détermina l'Assemblée constituante à réunir le contentieux de l'administration, avec l'administration elle-même... Le gouvernement croit avoir pris un juste milieu entre l'ancien système, qui séparait la justice de l'administration, comme inconciliables, et le nouveau système, qui les cumulait dans les mêmes mains, comme si elles eussent été une seule et même chose. »

D. Veuillez nous indiquer les attributions des conseils de préfecture, autres que celles dont il a été parlé dans la douzième leçon.

R. Elles consistent à prononcer : sur les demandes des particuliers, tendant à obtenir la décharge ou la réduction de leurs cotes de contributions directes ; sur les difficultés qui peuvent s'élever, entre les entrepreneurs de travaux publics et l'administration, concernant le sens ou l'exécution des clauses de leurs marchés ; sur les demandes des particuliers qui se plaignent de dommages résultant du fait particulier des entrepreneurs ; sur les demandes et contestations concernant les indemnités dues à des particuliers, à raison des terrains pris ou fouillés, pour la confection des chemins, canaux et autres ouvrages publics.

La juridiction des conseils de préfecture ne peut s'étendre aux intérêts privés qui se lient à des questions de leur compétence. Ainsi, les demandes en dommages-intérêts, et toutes autres actions civiles résultant d'une contravention à des règlements de police, doivent être jugées par les tribunaux.

En résumé, le conseil de préfecture est un véritable

tribunal administratif, qui n'a d'autres attributions que celles que la loi lui a spécialement conférées; parce que ce n'est que dans des cas exceptionnels, et lorsque l'intérêt public l'exige impérieusement, que les citoyens peuvent être distraits de leurs juges naturels.

D. Le conseil de préfecture prononce-t-il en premier ou en dernier ressort?

R Quelquefois le conseil de préfecture statue, comme second degré de juridiction, lorsqu'il est saisi de l'appel d'un arrêté du préfet ou d'une décision prise par certains agents de l'administration; dans d'autres circonstances, au contraire, il ne statue qu'en premier ressort, et sauf le recours au conseil d'état, ouvert dans ce cas à la partie condamnée. Les arrêts rendus par les conseils de préfecture, en matière domaniale, peuvent toujours donner lieu à un pourvoi devant le conseil d'état.

D. Comment sont instruites et jugées les demandes en décharge ou en réduction de contributions?

R. C'est surtout en matière de contributions qu'il a fallu ouvrir une voie légale aux réclamations légitimes; car si nul ne peut se soustraire à l'impôt, nul ne doit être lésé, dans la répartition d'une charge commune à tous.

Ici se manifeste principalement l'utilité de l'intervention des conseils de préfecture; d'autant que le concours de plusieurs fonctionnaires publics ou agents de l'administration est indispensable, pour vérifier le mérite de ces réclamations; et que ces fonctionnaires ou agents sont complétement indépendants de l'autorité judiciaire.

Voici la marche que tracent à cet égard les articles 27, 28 et 29 de la loi du 26 mars 1831, sur les contributions personnelles et mobilières, des portes et fenêtres et patentes :

Tout contribuable qui se croira surtaxé, adressera au préfet, *dans les trois mois de l'émission du rôle*, sa demande en décharge ou réduction ; il y joindra la quittance des termes échus de ses contributions.

Sa pétition sera envoyée au contrôleur des contributions, qui examinera les faits et donnera son avis, après avoir pris les observations du maire, s'il s'agit d'une taxe, ou des répartiteurs, s'il s'agit d'une contribution. Le directeur fera son rapport, et le conseil de préfecture statuera. Cependant, si l'avis du directeur est opposé à la demande, il devra en informer le réclamant, et l'inviter à prendre communication du dossier à la sous-préfecture, et à faire connaître, dans les dix jours, s'il veut fournir de nouvelles observations, ou recourir à la vérification, par voie d'experts.

Dans le cas où le conseil de préfecture aurait ordonné une contre-vérification, cette vérification sera faite par l'inspecteur des contributions, ou, à son défaut, par un contrôleur autre que celui qui aura procédé à la première instruction, en présence du maire ou de son délégué, et du réclamant ou de son fondé de pouvoirs. L'inspecteur dressera procès-verbal, mentionnera les observations du réclamant, celles du maire, s'il s'agit d'une taxe, celles des répartiteurs, si la réclamation est relative à une contribution, et donnera son avis. Le directeur fera son rapport ; et le conseil de préfecture prononcera.

Le recours contre les arrêtés du conseil de préfecture sera affranchi de tous droits d'enregistrement, autres que celui du timbre; il pourra être transmis au gouvernement, par l'intermédiaire des préfets, sans frais, et sans qu'il soit besoin du ministère d'un avocat aux conseils.

D. Les conseils de préfecture sont-ils compétents, pour prononcer sur la rétribution universitaire?

R. La loi du 7 août 1835, établissant le budget pour 1836, s'exprime ainsi dans son article 9 :

« Le recouvrement de la rétribution universitaire et du droit annuel, seront poursuivis sur les rôles, rendus exécutoires par les préfets, et à la diligence des agents du trésor public, dans les mêmes formes que pour les contributions directes.

» L'administration de l'instruction publique prononcera sur les demandes en remise et en modération, dans les limites des crédits alloués aux budgets.

» Les pourvois contre l'assiette de la rétribution universitaire, ou celle du droit annuel, seront jugés par les conseils de préfecture. »

D. Quelles sont les attributions des conseils de préfecture, relativement à la comptabilité des communes, des hôpitaux et autres établissements de bienfaisance?

R. D'après l'article 66 de la loi du 19 juillet 1837, les comptes du receveur municipal doivent être définitivement apurés par le conseil de préfecture, pour les communes dont le revenu n'excède pas 30.000 francs, sauf recours à la cour des comptes.

Cette disposition est applicable aux comptes des trésoriers des hôpitaux et autres établissements de bienfaisance.

Du reste, des moyens coërcitifs sont mis à la disposition de l'autorité, pour que les prescriptions de la loi ne soient pas illusoires.

Aux termes de l'article 68, les comptables qui n'auront pas présenté leurs comptes, dans les délais prescrits par les règlements, pourront être condamnés, par l'autorité chargée de les juger, à une amende de 10 francs à 100 francs, par chaque mois de retard, pour les receveurs et trésoriers justiciables des conseils de préfecture, et de 50 fr. à 500 fr., également par mois de retard, pour ceux qui sont justiciables de la cour des comptes.

D. Existe-t-il, auprès des conseils de préfecture, des personnes spécialement chargées de la défense des affaires sur lesquelles ils sont appelés à prononcer?

R. Il n'existe pas d'avoués ni d'autres défenseurs spéciaux, auprès des conseils de préfecture ; les parties peuvent s'y défendre elles-mêmes, soit par écrit, soit de vive voix ; elles peuvent aussi se faire assister d'un conseil (avocat ou avoué), qui rédige des notes ou mémoires, dans leur intérêt ; il plaide même, s'il y a lieu, à la séance où l'affaire doit être portée.

VINGT-DEUXIÈME LEÇON.

Conseil d'état. — Ancienneté de cette institution. — Ses modifications successives. — Son organisation nouvelle. — Tribunal des conflits.

D. Pourriez-vous nous faire connaître l'organisation et les attributions du conseil d'état, sous la monarchie?

R. Avant 1789, lorsque le pouvoir souverain résidait tout entier dans la personne du monarque, il existait un conseil du roi, ou conseil d'état, divisé en plusieurs corps distincts, correspondant aux diverses branches de l'administration publique.

Le *conseil des affaires étrangères*, le *conseil des dépêches ou de l'intérieur*, le *conseil des finances* et le *conseil du commerce*, avaient, dans leurs attributions, ainsi que la qualification de chacun de ces conseils l'indique, la négociation des traités avec les puissances étrangères, l'administration des affaires intérieures du royaume, la surveillance des revenus de l'État, les règlements relatifs au commerce, aux fabriques et aux manufactures.

Le roi prenait l'avis de l'un ou de l'autre de ces conseils, suivant la nature de l'affaire soumise à sa décision.

Il y avait en outre un *conseil des parties* ou *conseil privé*, auquel étaient soumises les contestations entre particuliers, lorsque ces contestations étaient relatives à l'exécution des lois et ordonnances du royaume; enfin, un *grand conseil du roi*, chargé de régler les matières mixtes ou liées à l'administration et à la justice.

D. Cette institution ne fut-elle pas modifiée par un règlement du 7 août 1789?

R. Par ce règlement, les conseils des dépêches, des finances et du commerce furent réunis au conseil d'état.

Il fut créé un *comité contentieux des départements*, composé de quatre conseillers d'état et de quatre maîtres des requêtes, auquel devaient être renvoyées toutes les affaires contentieuses soumises aux précédents conseils.

L'article 2 du règlement est ainsi conçu : « Pour mettre

d'autant plus d'accord dans toutes les parties de l'administration, et prévenir l'influence de la faveur ou des prédilections, le roi a ordonné que toutes les nominations aux charges, emplois ou bénéfices dans l'église, la magistrature et les affaires étrangères, la guerre, la marine, les finances et la maison du roi, seront présentées dorénavant à la nomination de S. M. en son conseil. »

L'ancien conseil d'état fut supprimé par le décret du 27 avril 1791, le seul acte législatif qui ait réglé l'organisation du ministère, à peu près tel qu'il existe aujourd'hui.

D. Le conseil d'état ne fut-il pas institué sur de nouvelles bases, par la Constitution du 22 frimaire an VIII?

R. Voici ce que porte l'article 52 de cette Constitution : « Sous la direction des consuls, un conseil d'état est chargé de rédiger les projets de loi et les règlements, et de résoudre les difficultés qui s'élèvent en matière administrative. »

C'est le conseil d'état institué à cette époque, et dans lequel siégeaient un grand nombre de jurisconsultes distingués, qui concoururent, d'une manière si active, à la rédaction du code civil.

D'après la Constitution de l'an VIII et l'arrêté des consuls du 5 nivôse de la même année, le conseil d'état était un corps essentiellement politique et administratif, appelé à concourir à la confection des lois et à la direction des diverses parties de la haute administration, mais qui n'était investi d'aucune attribution judiciaire.

Le conseil d'état fut maintenu, comme devant participer à l'exercice du pouvoir législatif, par les sénatus-consultes organiques du 16 thermidor an x et du 28 floréal an XII.

D. Pouvez-vous nous faire connaître, dans leur ensemble, les dispositions du décret du 11 juin 1806 ?

R. Ce décret organisa le conseil d'état, à peu près tel que nous l'avons vu fonctionner jusqu'en 1848.

D'après l'article 13, le conseil d'état devait continuer à exercer les fonctions qui lui étaient attribuées par les constitutions et les décrets de l'empire.

L'article 14 ajoute : « Le conseil d'état connaîtra, en outre, 1° des affaires de haute police administrative, lorsqu'elles lui auront été renvoyées par nos ordres; 2° de toutes contestations ou demandes relatives, soit aux marchés passés avec nos ministres, avec l'intendant de notre maison, ou en leur nom, soit aux travaux ou fournitures faites pour le service de leurs départements, pour notre service personnel ou pour celui de nos maisons ; 3° des décisions de la comptabilité nationale et du conseil des prises. »

Art. 15. « Lorsque nous aurons jugé convenable de faire examiner par notre conseil d'état la conduite de quelque fonctionnaire inculpé, il sera procédé de la manière suivante :

Art. 16. « Le rapport ou les dénonciations, et les pièces contenant les faits qui donnent lieu à l'examen, seront renvoyés, par nos ordres, soit directement, soit par l'intermédiaire du grand juge, ministre de la justice, à une commission composée du président de l'une des sections du conseil d'état et de deux conseillers d'état. »

A la suite de quelques articles qui règlent la manière de

procéder, soit devant la commission, soit devant le conseil d'état lui-même, l'article 22 dispose en ces termes :

« Le conseil d'état pourra prononcer, qu'il y a lieu à réprimander, censurer, suspendre ou même destituer le fonctionnaire inculpé. »

Art. 24. « Il y aura une commission présidée par le grand juge, ministre de la justice, et composée de six maîtres des requêtes et de six auditeurs. »

Art. 25. « Cette commission fera l'instruction et préparera le rapport de toutes les affaires contentieuses, sur lesquelles le conseil d'état aura à prononcer, soit que ces affaires soient instruites sur le rapport du ministre, ou à la requête des parties intéressées. »

Ainsi, le conseil d'état se trouvait investi, dans certaines limites, d'une juridiction civile et d'une juridiction criminelle.

D. Une ordonnance récente n'a-t-elle pas apporté des modifications graves, dans l'organisation du conseil d'état?

R. Oui ; c'est une ordonnance du 18 septembre 1839.

Cette ordonnance comprend un premier titre : *De la composition du conseil d'état*, et un second titre, divisé en deux paragraphes : *Matières administratives non contentieuses; matières administratives contentieuses.*

C'est dans ce dernier paragraphe, que se trouvent réglées les attributions du conseil d'état, comme tribunal administratif ; en voici les principales dispositions :

Art. 26. « Indépendamment des comités administratifs indiqués en l'article 15, un comité spécial est chargé de diriger l'instruction écrite, et de préparer le rapport de toutes les affaires contentieuses. »

Art. 29. « Les affaires contentieuses sont rapportées au conseil d'état, en assemblée générale et en séance publique. Après le rapport, les avocats des parties peuvent présenter des observations orales ; le commissaire du roi donne son avis. »

Art. 31. « La délibération n'est pas publique ; elle est prise à la majorité des suffrages, signée du président et contre-signée par le secrétaire général. »

Art. 32. « L'ordonnance qui intervient ensuite est lue en séance publique. »

Il convient de remarquer, à cette occasion, que les décisions du conseil d'état ne sont pas rendues, comme celles des tribunaux ordinaires. Leur approbation par le chef du gouvernement est indispensable ; et cette approbation leur imprime le caractère d'une ordonnance ; si bien que le jugement est réputé émaner du chef de l'état, plutôt que du tribunal même qui l'a rendu.

D. Trouve-t-on dans une ordonnance du 19 juin 1840, quelques dispositions nouvelles sur la manière de procéder en matière contentieuse, et pourriez-vous nous faire connaître ces dispositions ?

R. Les plus importantes se trouvent dans les articles 24 et 25, ainsi conçus :

Art. 24. « Les affaires contentieuses sur lesquelles le conseil d'état doit délibérer, sont portées sur un rôle qui indique le nom du rapporteur, du commissaire du roi et des avocats des parties. Il contient la notice de l'affaire. Cette notice est rédigée par les rapporteurs, et soumise au vice-président. »

Art. 25. « Le rôle imprimé doit être distribué, quatre

jours au moins avant la séance, à tous les conseillers d'état en service ordinaire, et aux maîtres des requêtes et auditeurs chargés de faire des rapports à la séance. Il l'est également aux avocats qui ont des affaires à plaider. »

Cette sage mesure a pour objet de ne pas laisser subir aux affaires portées sur le rôle d'audience, des remises souvent préjudiciables aux parties.

D. Quelles sont, sous le gouvernement actuel, les attributions de diverse nature, dont le conseil d'état se trouve investi?

R. Nous avons précédemment fait connaître les principales dispositions de la constitution sur le conseil d'état, il nous reste à analyser la loi organique du 3 mars 1849.

Le titre 1er de cette loi détermine, d'une manière plus précise que ne l'avaient fait toutes les lois précédentes, les attributions du conseil d'état.

L'article 1er dispose que le conseil d'état est consulté sur *tous les projets de loi* du gouvernement, sauf un petit nombre d'exceptions indiquées dans cet article.

Cette disposition est si impérative, que l'Assemblée nationale est autorisée à renvoyer à l'examen du conseil d'état les projets de loi qui ne rentrent pas dans la catégorie des exceptions, et dont elle aurait été saisie par le gouvernement, sans que le conseil d'état eût été consulté.

Aux termes de l'article 2, le conseil d'état donne son avis sur les projets de loi émanant, soit de l'initiative parlementaire, soit du gouvernement, que l'Assemblée nationale juge à propos de lui renvoyer.

« Le conseil d'état (dit l'article 3) prépare et rédige des projets de oi sur les matières pour lesquelles le gouvernement réclame son initiative ; — il donne son avis sur les projets d'initiative parlementaire, à l'égard desquels il est consulté par le gouvernement.

Art. 4. — « Le conseil d'état fait, sur le renvoi de l'Assemblée nationale, les règlements d'administration publique, à l'égard desquels il a reçu la délégation spéciale énoncée en l'article 75 de la Constitution. »

Voilà les attributions du conseil d'état désormais bien fixées, en matière législative et règlementaire.

D. Faites-nous connaître, d'après la même loi, la juridiction du conseil d'état, sur les questions qui se rattachent à la haute administration.

R. L'article 5 charge le conseil d'état de résoudre, sur la demande des ministres, les difficultés qui s'élèvent entre eux

1° Relativement aux attributions qu'ils tiennent spécialement des lois ;

2° Relativement à l'application des lois.

Il donne son avis sur toutes les questions qui lui sont soumises par le président de la République et par les ministres.

Il exerce, à l'égard des administrations publiques, les pouvoirs de contrôle et de surveillance qui lui sont conférés par les lois.

D. Comment est divisé le conseil d'état, d'après la loi organique du 3 mai ?

R. Il est divisé en trois sections : la section *de législation*, la section *d'administration*, et la section *du contentieux administratif*.

Quant à la manière de procéder devant cette dernière

section, la nouvelle loi reproduit, en partie, les dispositions du décret de 1806.

Cependant on y trouve deux articles qui attribuent, dans certains cas, une juridiction d'office au conseil d'état, à l'instar de celle qu'exerce la Cour de cassation elle-même, dans l'intérêt de la loi, et sur le réquisitoire de son procureur général.

« Le ministre de la justice (est-il dit dans l'artcle 43) dénoncera à la section du contentieux les actes administratifs contraires à la loi, et la nullité pourra en être prononcée.

L'article suivant ajoute : — « Lorsqu'il aura été rendu par une juridiction administrative une décision sujette à annulation, et contre laquelle les parties n'auraient pas réclamé, dans le délai déterminé, le ministre de la justice pourra aussi en donner connaissance à la section du contentieux. La décision sera annulée, sans que les parties puissent se prévaloir de l'annulation.

D. Quelles sont les attributions judiciaires du conseil d'état ?

R. Voici, d'après les diverses lois sur la matière, la nomenclature complète de ces attributions.

Le conseil d'état prononce, sur les recours formés

1° Contre les arrêtés des anciens directoires de département et des administrations centrales;

2° Contre les arrêtés contradictoires des conseils de préfecture ;

3° Contre les arrêtés contradictoires des préfets, dans le cas où le recours est ouvert aux parties ;

4° Contre les décisions rendues par les ministres, en matière contentieuse ;

5° Sur les demandes relatives aux marchés de travaux ou fournitures passés avec les ministres ;

6° Sur les pourvois formés contre les arrêts de la Cour des comptes, pour violation des formes ou de la loi ;

7° Sur les contraventions, en matière de grande voirie, à l'égard desquelles les conseils de préfecture ont été appelés à statuer en premier ressort ;

8° Dans les mêmes circonstances, sur les demandes relatives au partage des biens communaux ;

9° Sur les élections municipales et départementales, relativement à la validité desquelles les conseils de préfecture ont eu à statuer, parce qu'il ne s'agissait pas de la capacité des électeurs ;

10° Sur les pourvois formés pour cause d'incompétence ou excès de pouvoirs, contre les actes de l'autorité administrative.

11° Enfin, le conseil d'état connaît des appels comme d'abus auxquels peuvent donner lieu les mandements des évêques et certains actes des ministres des cultes reconnus par l'état.

D. Quand y a-t-il conflit entre l'autorité administrative et l'autorité judiciaire ; et quel est le tribunal qui doit prononcer dans ce cas ?

R. L'autorité judiciaire et l'autorité administrative peuvent se trouver simultanément saisies de la même affaire, ou se déclarer l'une et l'autre incompétentes pour prononcer. C'est ce qui constitue le conflit. A laquelle de ces deux autorités également indépendantes faudra-t-il s'adresser pour le vider; c'est-à-dire, pour décider, si c'est aux tribunaux ou à l'administration qu'il appartient de prononcer sur le litige?

Cette question délicate a été résolue, d'une manière satisfaisante, par l'article 89 de la Constitution.

« Les conflits d'attribution (est-il dit dans cet article) entre l'autorité administrative et l'autorité judiciaire seront réglés par un tribunal spécial de membres de la Cour de cassation et de conseillers d'état désignés, tous les trois ans, en nombre égal, par leurs corps respectifs. Ce tribunal sera présidé par le ministre de la justice. »

Le personnel de ce tribunal, composé de magistrats occupant le premier degré de la hiérarchie administrative et judiciaire, et présidé par le chef de la justice, offre une garantie complète de lumières et d'indépendance.

Jusqu'à présent, la faculté d'élever le conflit était accordée à l'autorité administrative, sauf le recours au conseil d'état, ce qui portait atteinte à l'indépendance des tribunaux.

C'est aussi devant le tribunal des conflits, aux termes de l'art. 90 de la Constitution, que doivent être portés les recours pour incompétence ou excès de pouvoirs, contre les arrêts de la cour des comptes.

VINGT-TROISIEME LEÇON.

Cour des comptes. — Son organisation. — Ses attributions. — Utilité de son concours, pour la régularité de la comptabilité des deniers publics.

D. Donnez-nous une idée générale de la fonction que remplissent, dans notre organisation sociale, les grands corps judiciaires et administratifs, la cour de cassation, le conseil d'état et la cour des comptes ?

R. La cour des comptes complète l'organisation de notre système judiciaire et administratif.

En effet, l'autorité judiciaire est placée sous la haute surveillance de la cour de cassation. La bonne administration de la justice consiste essentiellement dans l'application sage et uniforme de la loi, ainsi que dans le respect des attributions conférées aux divers magistrats, à tous les degrés de la hiérarchie judiciaire. Eh bien! la cour de cassation est spécialement instituée, pour réprimer la violation de la loi et les excès de pouvoirs, dans toutes les juridictions.

La mission du conseil d'état est à peu près la même, relativement aux corps administratifs. Il veille à ce que chacun d'eux se renferme dans les limites de sa compétence ; et à ce que la justice administrative, appelée souvent à prononcer entre les intérêts publics et les intérêts privés, fonctionne, d'une manière régulière, et avec une complète indépendance.

Une branche importante de l'administration publique, celle des finances, qui intéresse les communes, les départements et l'état lui-même, devait aussi être soumise à une surveillance et à une direction uniques. Cette surveillance et cette direction appartiennent à la cour des comptes, placée dans l'ordre hiérarchique, immédiatement après la cour de cassation.

D. Comment était organisée la haute administration chargée de la surveillance des revenus de l'état, avant la révolution de 1789 ?

R. Sous l'ancien régime, il existait en France douze chambres des comptes, auxquelles étaient soumises les questions financières, dans les diverses provinces du royaume. Une telle organisation était incompatible avec le système unique et uniforme d'impôt, qui fut l'une des conquêtes les plus précieuses de la première révolution.

Aussi les douze chambres des comptes furent supprimées par une loi du 12 novembre 1792, et remplacées, d'abord, par un bureau de comptabilité nationale créé dans le sein même de l'Assemblée législative; ensuite, par une commission de comptabilité indépendante du corps législatif.

D. Ces deux commissions successives atteignirent-elles le but que l'on s'était proposé; et à quelle époque furent-elles remplacées par la cour des comptes?

R. Le contrôle du bureau et de la commission de comptabilité fut à peu près inefficace, à défaut d'une organisation homogène qui lui permît de saisir, dans leur ensemble, les opérations relatives à la perception et à l'emploi des contributions publiques.

C'est à l'empereur que l'on doit la création de la cour des comptes, à peu près telle qu'elle existe aujourd'hui. Seulement, des lois et des ordonnances rendues depuis, à divers intervalles, ont eu pour objet de faciliter et de multiplier les moyens de contrôle propres à prévenir tout abus dans l'administration des finances de l'état, des départements, des communes et des établissements publics.

D. Par quelle loi la cour des comptes a-t-elle été instituée? Quels sont les magistrats dont elle se compose?

R. La cour des comptes a été instituée par la loi du 16 septembre 1807.

D'après le titre Ier de cette loi, elle est composée d'un premier président, de trois présidents, de dix-huit conseillers maîtres des comptes; de référendaires, dont le nombre avait été fixé à quatre-vingts, par un décret du 24 du même mois; d'un procureur général et d'un greffier en chef.

D'après l'article 3 de la loi, il dut être formé trois chambres, chacune composée d'un président et de six maîtres des comptes. Le premier président pouvait présider alternativement l'une ou l'autre des chambres, où la présence de cinq membres au moins était indispensable pour rendre un jugement.

Les référendaires sont chargés de faire les rapports, mais ils n'ont pas voix délibérative.

Les membres de la cour des comptes sont nommés à vie, par le chef du gouvernement.

D. Faites-nous connaître les attributions de la cour des comptes.

R. D'après l'article 11 de la loi du 16 septembre 1807, cette cour est chargée du jugement des comptes de recettes du trésor, des receveurs généraux des départements, des régies et administrations des contributions indirectes; des dépenses du trésor, des payeurs généraux, des payeurs d'armée, des divisions militaires, des arrondissements maritimes et des départements; des recettes et dépenses des fonds et revenus spécialement affectés aux dépenses des départements et des communes, dont les budgets sont arrêtés par l'empereur.

Les articles suivants contiennent diverses prescriptions, pour assurer l'exercice de la juridiction dont la cour des comptes se trouve investie.

Ainsi, tous les comptables de deniers publics, en recette et en dépense, sont tenus de fournir et déposer leurs comptes, au greffe de la cour, dans certains délais; à défaut, ils sont passibles d'une amende. (Art. 12.)

La cour règle et apure les comptes qui lui sont présentés. Elle établit, par des arrêts définitifs, si les comptables sont quittes, ou en avance, ou en débet.

Dans les deux premiers cas, elle prononce leur libération définitive, et ordonne la radiation des inscriptions hypothécaires prises sur leurs biens, à raison de la gestion dont le compte est jugé.

Dans le troisième cas, elle les condamne à solder leur débet au trésor, dans le délai prescrit par la loi.

Une expédition de ses arrêts est, dans tous les cas, adressée au ministre des finances, pour en suivre l'exécution, par l'agent établi auprès de lui. (Art. 13.)

D. Peut-il y avoir révision des comptes, même après l'arrêt qui les a jugés?

R. Oui, parce qu'en pareille matière l'erreur est toujours réparable.

Ainsi, nonobstant l'arrêt qui aurait jugé définitivement un compte, la cour peut procéder à sa révision, soit sur la demande du comptable, appuyée de pièces justificatives recouvrées depuis l'arrêt, soit d'office, soit à la réquisition du procureur général, pour erreur, omission, faux ou double emploi (art. 14).

Si, dans l'examen des comptes, la cour trouve des faux

ou des concussions, il en sera rendu compte au ministre des finances, et référé au ministre de la justice, qui fera poursuivre les auteurs devant les tribunaux ordinaires (art. 16).

D. Comment, dans quelles circonstances et devant quelle autorité peut-on se pourvoir contre les arrêts rendus par la cour des comptes?

R. Les arrêts de la cour sont exécutoires contre le comptable ; mais dans le cas où celui-ci se croirait fondé à attaquer un arrêt, pour violation des formes ou de la loi, il peut se pourvoir devant le conseil d'état, dans les trois mois, pour tout délai, à partir de la notification de l'arrêt.

Le ministre des finances, et tout autre ministre pour ce qui concerne son département, pourront faire, dans le même délai, leur rapport au chef du gouvernement, et lui proposer le renvoi au conseil d'état, de leurs demandes en cassation des arrêts, pour violation des formes ou de la loi (art. 17).

D. De quelle manière est-il procédé à la vérification et au jugement des comptes ?

R. Le titre 3 de la loi du 16 septembre 1807 prescrit aux référendaires de faire, sur chaque compte, deux cahiers d'observations. Les premières relatives au matériel des comptes; les deuxièmes, ayant pour objet la comparaison de la nature des recettes avec les lois, et de la nature des dépenses avec les crédits.

Outre le règlement particulier de toutes les comptabilités spéciales, l'institution de la cour des comptes a aussi pour but de signaler au gouvernement les diverses améliorations dont notre système financier est susceptible.

Aussi l'art. 22 de la loi du 16 septembre 1807 prescrit la formation d'un comité, composé du premier président et de quatre commissaires, pour faire un rapport au chef du gouvernement, sur les observations faites par les référendaires, dans le cours de l'année précédente.

D. Quel a été l'objet du décret impérial du 28 septembre 1807 ?

R. Ce décret complète l'organisation de la cour des comptes, dont la loi du 16 du même mois n'avait fait en quelque sorte que poser les bases. Il règle les attributions des présidents, conseillers maîtres et référendaires de diverses classes, ainsi que celles du procureur général.

En respectant le principe d'inamovibilité posé par la loi, le décret voulut qu'il ne fût appliqué, qu'après que les nouveaux magistrats auraient donné des garanties de leur capacité et de leur zèle. Ainsi, l'art. 2 dispose que ce n'est qu'après cinq ans d'exercice, que les maîtres des comptes et référendaires recevront des lettres de nomination à vie.

L'empereur avait pensé, avec raison, que l'assiduité de tous les membres était indispensable pour exécuter, sans retard, les travaux importants confiés à la cour des comptes ; et qu'il était convenable, surtout à l'égard des référendaires, chargés de procéder à la vérification de tous les comptes, de convertir une partie du traitement en primes proportionnées au nombre de rapports que chacun d'eux aurait préparés.

Pour atteindre ce but, l'article 58 prescrivait que

la moitié des traitements fixés pour les présidents de chambre et les maîtres des comptes, fût mise en masse, et distribuée, en droits d'assistance, entre les membres présents.

A l'égard des référendaires, l'art. 64 ordonnait qu'une somme de 400,000 fr. serait employée en distributions, à titre de préciput et de récompenses de travaux, à ceux des référendaires qui s'en seraient rendus dignes, par leur zèle et leur exactitude.

D. Quels sont les délais et les formalités des pourvois, en matière d'administration communale ?

R. Voici, à cet égard, le résumé des dispositions d'une ordonnance royale du 28 décembre 1830.

Les arrêtés des conseils de préfecture et des sous-préfets, statuant sur les comptes présentés par les receveurs des communes et des établissements de bienfaisance, doivent être adressés, en double expédition, aux maires des communes, par les préfets ou sous-préfets, dans les quinze jours qui suivront la date desdits arrêtés.

Dans les huit jours qui suivront la réception de l'arrêté, il sera notifié par le maire au receveur. Avant l'expiration de trois mois, depuis cette notification, la partie qui voudra se pourvoir contre l'arrêté rédigera sa requête en double original ; l'un des doubles sera remis ou signifié par huissier à la partie adverse; l'appelant adressera l'autre à la cour des comptes, en y joignant l'expédition de l'arrêté. Ces pièces doivent parvenir à la cour, au plus tard dans le mois qui suivra l'expiration du délai du pourvoi.

Si la cour admet la requête, la partie poursuivante

aura, pour faire la production de pièces justificatives du compte, un délai de deux mois, à partir de la notification de l'arrêt admission.

A défaut de production des pièces, dans le délai fixé, la requête sera rayée du rôle et ne pourra plus être reproduite.

VINGT-QUATRIÈME LEÇON.

Conseils des prud'hommes. — Leur organisation — Leur compétence.

D. Quel a été le but de l'institution des grands corps administratifs et judiciaires dont nous venons de parler?

R. Ces corps ont été surtout institués, dans un but d'intérêt public, pour prévenir les usurpations de pouvoir et protéger les droits du trésor.

Ainsi, les conseils de préfecture, et le conseil d'état qui constitue à leur égard le second degré de juridiction, ont pour objet spécial de maintenir l'indépendance de l'autorité administrative, et de vider des contestations d'une certaine nature, dans lesquelles l'état se trouve intéressé.

Quant à la cour des comptes, elle a reçu une mission non moins importante, celle d'assurer la bonne foi, l'ordre et la régularité, dans la recette et dans l'emploi des revenus de l'état.

La juridiction dont nous allons parler, présente un tout autre caractère. C'est une sorte de tribunal de famille, créé dans le but de terminer, sans délais et sans frais, souvent même de prévenir, par une conciliation amiable, les nombreuses contestations qui peuvent s'élever entre les fabricants et leurs ouvriers, contre-maîtres ou chefs d'atelier. C'est la juridiction des prud'hommes.

D. De quelle époque date cette institution?

R. Il est parlé de *prud'hommes*, dans plusieurs anciennes lois et ordonnances ; mais ce mot était employé, dans une foule d'acceptions diverses. On désignait ainsi, tantôt les assesseurs d'un juge, tantôt des magistrats investis de fonctions municipales, tantôt enfin les habitants notables d'une commune, ou les personnes distinguées dans l'exercice d'une profession quelconque. Seulement, il existe une ordonnance royale du treizième siècle qui autorisait les bourgeois de Lyon à faire choix d'un prud'homme, pour juger les contestations qui s'élèveraient entre les marchands fréquentant les foires de cette ville ; et peut-être, c'est à cause d'une telle circonstance, que Lyon est la première des cités industrielles qui ait été appelée à jouir des bienfaits de cette utile institution.

En effet, un conseil de prud'hommes a été établi, pour la première fois, à Lyon par l'empereur, aux termes d'une loi du 18 mars 1806.

D. Veuillez nous faire connaître l'organisation et les attributions du conseil de prud'hommes, d'après la loi que vous venez de citer.

R. D'après la loi du 19 mars 1806, le conseil des prud'hommes devait être composé de neuf membres, dont cinq négociants, fabricants, et quatre chefs d'atelier.

Aux termes de l'article 6, le conseil est institué : — « pour terminer, par la voie de conciliation, les petits différends qui s'élèvent journellement, soit entre des fabricants et des ouvriers, soit entre des chefs d'ateliers et des compagnons ou apprentis. Il est également autorisé à juger, jusqu'à la somme de 60 francs, sans formes ni frais de procédure et sans appel, les différends à l'égard desquels la voie de la conciliation aura été sans effet. »

Tout différend portant sur une somme supérieure à celle de 60 francs qui n'aura pu être terminé par la voie de conciliation, sera porté devant les tribunaux de commerce, ou devant les tribunaux compétents (art. 6).

Ainsi, d'après cette première loi, le conseil des prud'hommes, quand il était appelé à prononcer comme juge, statuait souverainement. Il n'était pas investi d'une juridiction, en premier ressort, qui ouvre un recours aux parties, devant un tribunal supérieur.

D. La loi de 1806 ne conférait-elle pas d'autres attributions au conseil des prud'hommes?

R. Ce conseil était en outre chargé :

1° De constater, d'après les plaintes qui pourraient lui être adressées, les contraventions aux lois et règlements sur les fabriques et manufactures, sauf à renvoyer ses procès-verbaux, ainsi que les objets saisis, aux tribunaux compétents (art. 10 et 11).

2° De statuer sur les plaintes qui lui seraient portées, les soustractions de matières premières qui pourraient être faites par les ouvriers, au préjudice des fabricants et les infidélités commises par les teinturiers (art. 12).

L'article 13 autorise les prud'hommes, au nombre de deux au moins, dont un fabricant, à se transporter, avec l'assistance d'un officier public, chez les fabricants, chefs d'ateliers, ouvriers et compagnons, à l'effet de constater les soustractions ou infidélités. Les procès-verbaux qu'ils dresseront à cet égard seront adressés au bureau général des prud'hommes, qui les transmettra aux tribunaux compétents, avec les pièces de conviction.

D. Était-il dans l'esprit de la loi de 1806 de n'établir un conseil de prud'hommes qu'à Lyon?

R. La pensée du législateur avait été de faire l'essai de cette juridiction nouvelle, dans un grand centre de fabrication, sauf à l'introduire plus tard dans d'autres villes manufacturières, lorsqu'on en aurait reconnu les avantages.

Aussi était-il dit, dans les derniers articles de la loi, « qu'il pourrait être établi, par un règlement d'administration publique, délibéré en conseil d'état, un conseil de prud'hommes dans les villes de fabrique où le gouvernement le jugerait convenable. — La composition de ce conseil pourrait être différente, selon les lieux, mais ses attributions seraient les mêmes. » (Art. 34 et 35.)

D. N'est-il pas intervenu, peu de temps après la loi du 18 mars 1806, un décret pour régler le mode d'exécution de cette loi?

R. Oui, c'est le décret du 3 juillet de la même année. D'après ce décret, les cinq membres du conseil que les fabricants avaient à nommer devaient être élus dans une assemblée générale tenue à cet effet. L'assemblée dans laquelle les chefs d'ateliers choisiraient leurs quatre membres devait être tenue après celle des fabricants.

Le bureau des prud'hommes nomme son président, dont les fonctions ne durent qu'une année. Il est toujours rééligible.

Ce décret contient plusieurs sages dispositions, ayant

pour objet de rendre plus efficace l'intervention de ce tribunal de famille, et d'accélérer ses décisions.

Ainsi, il exige (art. 10) que tout marchand, tout fabricant, tout chef d'atelier, tout ouvrier cité devant le tribunal des prud'hommes, s'y présente en personne, aux jours et heures indiqués par la citation, hors les cas d'absence ou de maladie.

Quant au particulier qui sera dans le cas d'être appelé au bureau général ou particulier des prud'hommes, il doit être cité par l'huissier attaché à ce bureau; et s'il ne se présente pas, il est passé outre au jugement.

« Les jugements rendus par le bureau général des prud'hommes (dit l'art. 12) quand les parties n'auront pu être conciliées par le bureau particulier, seront mis à exécution, vingt-quatre heures après leur signification, et provisoirement, sauf l'appel devant le tribunal de commerce, ou tout autre tribunal compétent. »

D. L'organisation du conseil des prud'hommes n'a-t-elle pas encore été modifiée, quelques années après son institution?

R. Un décret impérial du 11 juin 1809 révisé, d'après un avis du conseil d'état du 20 février 1810, règle définitivement l'organisation des conseils de prud'hommes.

Jusqu'alors, les chefs d'ateliers concouraient seuls, avec les fabricants, pour la formation du conseil des prud'hommes. Depuis, leurs membres purent être choisis parmi les contre-maîtres, teinturiers et ouvriers patentés. Seulement, les fabricants devaient toujours avoir un membre de plus dans le conseil.

L'article 2 de ce décret trace la marche à suivre, pour l'établissement des conseils de prud'hommes.

« Les conseils des prud'hommes (y est-il dit) seront établis, sur la demande motivée des chambres de commerce ou des chambres consultatives des manufactures. Cette demande sera d'abord communiquée au préfet, qui examinera si elle est de nature à être accueillie. Il la transmettra ensuite à notre ministre de l'intérieur (depuis la loi du 6 avril 1834, c'est au ministre de l'agriculture et du commerce) qui, avant de nous en rendre compte, s'assurera si l'industrie qui s'exerce dans la ville est assez importante, pour faire autoriser la création d'un conseil des prud'hommes. »

Un grand nombre de villes manufacturières ont usé de cette faculté ; et des ordonnances spéciales ont autorisé, depuis, l'établissement de conseils de prud'hommes à Saint-Étienne, Mulhouse, Nîmes, Lille, Rouen, Nantes, etc.

Le décret du 11 juin 1809 charge les conseils de prud'hommes, de veiller à l'exécution des mesures conservatrices de la propriété des marques empreintes aux différents produits de la fabrique.

Il les constitue arbitres de la suffisance ou insuffisance de différence, entre les marques déjà adoptées et les nouvelles qui seraient proposées, ou même entre celles déjà existantes. Les contestations relatives à cet objet doivent être portées devant le tribunal de commerce, qui statue sur l'avis du conseil des prud'hommes.

D. La juridiction du conseil des prud'hommes n'a-t-elle pas été fixée, par le décret de 1809, d'une manière plus complète et plus précise qu'elle ne l'avait été jusqu'alors ?

R. En effet, il existait quelque incertitude, sur la compétence des conseils de prud'hommes ; et cette incertitude ne saurait désormais exister, en présence de l'article 10 du nouveau décret, ainsi conçu : « Nul ne sera justiciable des conseils de prud'hommes, s'il n'est marchand, fabricant, chef d'atelier, contre-maître, teinturier, ouvrier, compagnon ou apprenti. Ceux-ci cesseront de l'être, lorsque les contestations porteront sur des affaires autres que celles qui sont relatives à la branche d'industrie qu'ils cultivent, et aux conventions dont cette industrie aura été l'objet. Dans ce cas, ils s'adresseront aux juges ordinaires. »

D'après l'article 11, « la juridiction des conseils des prud'hommes s'étend sur tous les marchands, fabricants, ouvriers, etc., travaillant pour la fabrique du lieu ou du canton de la situation de la fabrique, suivant qu'il sera exprimé dans le décret d'établissement de chacun de ces conseils, à raison des localités, quel que soit l'endroit de la résidence desdits ouvriers. »

Les articles 21 et 22 parlent du bureau particulier, qui doit être composé d'un fabricant et d'un contre-maître ou ouvrier patenté. Sa mission consiste à concilier les parties, sinon à les renvoyer devant le bureau général.

Quant au bureau général, il peut statuer sur toutes les affaires non terminées par la conciliation, et quelle que soit leur importance ; mais les jugements sont susceptibles d'appel, s'il s'agit d'une somme de plus de 60 fr., en principal et accessoires.

D. Des attributions nouvelles et plus étendues n'ont-elles pas été conférées aux conseils de prud'hommes, par un décret du 3 août 1810?

R. Aux termes de ce décret, ils peuvent statuer en dernier ressort, si la condamnation n'excède pas 100 francs en principal et accessoires ; jusqu'à concurrence de 300 fr., leurs jugements sont même exécutoires, par provision et sans caution, nonobstant l'appel. Ce n'est que lorsqu'il s'agit de plus de 300 francs, qu'une cautione st exigée, de celui qui veut mettre à exécution le jugement susceptible d'appel.

D. Les conseils de prud'hommes n'exercent-ils pas des attributions de police dans certaines circonstances?

R. En général, de telles attributions appartiennent à tous les tribunaux légalement institués, relativement aux faits qui se passent à leur audience. Ainsi, aux termes de l'article 34 du décret de 1809, dans le cas d'insulte ou d'irrévérence grave, lors de la comparution des parties, le bureau particulier en dresse procès-verbal et condamne, s'il y a lieu, celui qui s'en est rendu coupable, à un emprisonnement, dont la durée ne peut excéder trois jours.

Mais ce n'est pas seulement pour les délits de l'audience, que le droit de répression est accordé aux prud'hommes. D'après l'article 4 du décret du 3 août 1810, « tout délit tendant à troubler l'ordre et la discipline de l'atelier, tout manquement grave des apprentis envers leurs maîtres, pourront être punis par les prud'hommes, d'un emprisonnement qui n'exèdera pas trois jours. L'expédition du prononcé des prud'hommes certifiée par leur secrétaire, sera mise à exécution, par le premier agent de police ou de la force publique, sur ce requis. »

D. A quelle époque un premier conseil de prud'hommes a-t-il été établi à Paris?

R. Ce n'est que par une ordonnance du 29 décembre 1844, qu'un conseil de prud'hommes a été établi dans la capitale, pour l'industrie des métaux et les industries qui s'y rattachent.

Cette ordonnance, qui fixe à quinze le nombre des membres du conseil, avec dix suppléants, pour remplacer les titulaires, en cas de décès, de démission ou d'empêchement légitime, s'en réfère, pour l'élection des prud'hommes, ainsi que pour la manière de procéder, aux lois et décrets antérieurs.

Afin de faire apprécier l'importance de cette institution, il suffit de recueillir quelques faits consignés dans le rapport qui a précédé l'ordonnance du 29 décembre 1844.

Depuis qu'un conseil des prud'hommes a été institué à Lyon, en 1806, soixante-six villes manufacturières ont demandé à jouir de cette juridiction conciliatrice, si heureusement appropriée aux besoins de la fabrique.

Son établissement à Paris a présenté de sérieuses difficultés, parce qu'il a fallu se livrer à de longues études, pour mettre cette institution en harmonie avec les conditions si diverses de la fabrique, dans la capitale.

On ne pouvait méconnaître cependant les considérations d'ordre public et d'intérêt privé qui recommandent cette institution, et les services qu'elle a rendus à l'industrie.

En effet, de 1830 à 1839, le nombre des affaires soumises aux conseils de prud'hommes a été de 135,730, sur lesquelles 128,219 ont été conciliées, et 3,573 abandonnées par les parties; 3,838 jugements sont intervenus, 2,350 en dernier ressort, et 1,488 en premier ressort; et sur ces derniers, 155 seulement ont été frappés d'appel.

« Comment (dit le rapporteur) la ville de Paris, qui renferme dans son sein plus de deux cents industries différentes; qui compte tant et de si grands établissements, et qui entretient une population ouvrière plus nombreuse qu'aucune autre ville de France, ne recueillerait-elle pas d'immenses avantages d'une fondation qui a porté de tels fruits? »

VINGT-CINQUIÈME LEÇON.

Tribunaux spéciaux, pour l'armée de terre et de mer.

D. Les citoyens employés au service des armées sont-ils soumis à la juridiction criminelle ordinaire?

R. La nécessité de maintenir une discipline rigoureuse dans l'armée a fait soumettre à un régime exceptionnel les Français appelés au service militaire, pendant toute la durée de ce service.

Le régime exceptionnel existe sous deux rapports; et relativement aux peines qui sont, en général, plus sévères que celles que prononce le code pénal; et relativement aux tribunaux, où la procédure est plus rapide.

Des tribunaux particuliers, constituant la juridiction militaire, ont été institués, pour juger les soldats et les marins.

D. Quels sont les principes généraux que consacre sur cette matière le décret du 21 septembre 1790?

R. En voici le résumé :

Les délits civils sont ceux commis en contravention aux lois générales, qui obligent indistinctement tous les citoyens. Ces délits sont de la compétence des tribunaux ordinaires, quand même ils ont été commis par un officier ou par un soldat.

Cependant, en temps de guerre, les personnes qui composent l'armée peuvent être jugées par la justice militaire, et condamnées par elle aux peines prononcées par la loi civile.

Les délits militaires sont ceux commis en contravention à la loi militaire; ceux-ci sont du ressort de la justice militaire.

Toute contravention à la loi militaire est une faute punissable; mais toute faute de ce genre n'est pas un délit.

Les fautes sont punies par des peines de discipline; les délits seuls peuvent l'être par des peines afflictives ou infamantes.

Aux termes de l'article 3 du décret du 30 septembre 1791, lorsqu'un délit a été commis à la fois par des militaires et des non militaires, les tribunaux ordinaires doivent seuls prononcer, à l'égard de tous les prévenus.

D. Comment se justifie la disposition de cet article?

R. Par deux considérations également décisives, la première : Qu'il serait contraire à une bonne administration de la justice de scinder la poursuite et le jugement, lorsqu'il s'agit d'un fait unique ; la seconde, que puisqu'un seul tribunal doit être saisi, il vaut mieux que ce soit la juridiction ordinaire, puisque le militaire n'a pas alors à se plaindre de rentrer dans le droit commun ; et que l'on respecte, à l'égard de l'accusé non militaire, le principe que nul ne doit être distrait de ses juges naturels.

D. Par qui doivent être prononcées les peines en matière de discipline ?

R. Ces peines peuvent être prononcées contre les délinquants, par tous ceux qui ont un grade supérieur au leur. Le subordonné est tenu de se soumettre à la peine qui lui est infligée par son supérieur, sauf à réclamer ensuite devant le conseil de discipline, s'il s'y croit fondé.

Ce conseil, chargé de prononcer des peines dont le maximum est fixé par la loi, quand elles n'ont pas été prononcées par le supérieur, ou de recevoir les plaintes que les subordonnés pourraient avoir à porter contre leurs chefs, est composé, dans chaque régiment, de trois officiers supérieurs, de trois premiers capitaines et d'un premier lieutenant. Il s'assemble, par ordre du commandant du corps, toutes les fois que cela est nécessaire ; et celui-ci ne peut en refuser la convocation, dans les vingt-quatre heures, lorsqu'il en est requis par une plainte à lui adressée.

Sauf les peines plus sévères qu'ils sont autorisés à prononcer, car elles peuvent s'élever à quinze jours d'emprisonnement, avec réduction au pain et à l'eau, pendant trois jours de chaque semaine, le conseil de discipline peut être considéré comme tribunal de simple police, dans la juridiction militaire.

D. Quel est le tribunal appelé à connaître des faits

qui présentent le caractère de crime ou délit militaire?

R. Pour les délits et les crimes, un tribunal unique a été institué, remplaçant, à l'égard des militaires, les tribunaux correctionnels et les cours d'assises, dont les attributions sont si différentes : c'est le conseil de guerre.

Il a été établi un conseil de guerre permanent, dans chaque division de l'armée, et dans chaque division de troupes employées à l'intérieur.

Le conseil de guerre est composé de sept membres : un colonel qui le préside, un chef de bataillon ou d'escadron, deux capitaines, un lieutenant, un sous-lieutenant et un sous-officier.

Le capitaine remplit les fonctions de rapporteur.

Un autre officier du même grade remplit les fonctions de commissaire du pouvoir exécutif, auprès du conseil de guerre, tant pour l'observation des formes que pour l'application de la loi.

D. Quelle est la plus forte peine que peuvent prononcer les conseils de guerre ; et à quelle majorité la condamnation doit-elle être prononcé ?

R. Nos lois pénales militaires prononcent la peine de mort, dans une foule de cas ; ce qui donne lieu souvent à des commutations de peines, à la suite de condamnations capitales.

Du reste, elles exigent plus que la simple majorité pour condamner l'accusé.

Ainsi, il est absous lorsque *trois membres sur sept* déclarent qu'il n'est pas coupable (article 31 de la loi du 13 brumaire an IV).

Et si la majorité de cinq voix ne se forme pas, pour

l'application de la peine, l'avis le plus favorable à l'accusé doit être adopté (art. 33).

D. Peut-on se pourvoir contre les jugements rendus par les conseils de guerre ?

R. Jusqu'à la loi du 18 vendémiaire an VI, les jugements des conseils de guerre n'étaient susceptibles d'aucun recours, et devaient être exécutés dans les vingt-quatre heures.

La loi a institué un conseil de révision permanent, dans chaque division d'armée, et dans chaque division de troupes employées à l'intérieur.

Les membres des conseils de révision sont moins nombreux que ceux des conseils de guerre; mais ils sont choisis dans des degrés plus élevés de la hiérarchie militaire : un officier général, président; un chef de brigade, colonel; un chef de bataillon ou d'escadron, et deux capitaines.

A cette seule différence que, pour chaque conseil de guerre, il existe un conseil de révision, ce dernier conseil fonctionne comme la cour de cassation, à l'égard des juridictions ordinaires.

Ainsi, le conseil de révision ne peut connaître du fond de l'affaire; mais il est tenu d'annuler le jugement dans les cas suivants :

1° Lorsque le conseil de guerre n'a point été formé, de la manière prescrite par la loi; 2° lorsqu'il a outrepassé sa compétence, soit à l'égard des prévenus, soit à l'égard des délits dont la loi lui attribue la connaissance; 3° lorsqu'il s'est déclaré incompétent, pour juger un prévenu soumis à sa juridiction; 4° lorsqu'une des formes prescrites par la loi n'a pas été observée ; 5° enfin, lorsque le jugement n'est pas conforme à la loi, dans l'application de la peine.

Par suite de l'annulation du jugement, l'accusé est renvoyé, pour être jugé, devant un autre conseil de guerre établi dans chaque division, pour juger les délits militaires, en cas d'annulation des jugements, par le conseil de révision de la division.

D. Le code pénal maritime établit-il aussi deux juridictions différentes, selon que les faits incriminés présentent le caractère de délit ou de crime, ou celui d'une simple infraction de la discipline?

R. Relativement aux officiers, sous-officiers, matelots, soldats et autres, qui servent dans l'armée de mer, la loi du 22 août 1790 (dite *Code des vaisseaux*), distingue aussi les peines à infliger, en peines de discipline ou simples corrections, et en peines afflictives ; les unes et les autres doivent aussi être prononcées par des tribunaux différents.

Le commandant du bâtiment et l'officier commandant le quart ou la garde, peuvent prononcer les peines de discipline contre les délinquants ; le commandant de la garnison peut aussi infliger les mêmes peines, mais à la charge par ces officiers d'en rendre compte au commandant de vaisseau, après le quart ou la garde.

Les peines afflictives ne peuvent être prononcées que par un conseil de justice ou un conseil martial.

Cette loi n'institue pas pour les marins, comme pour les militaires, un conseil de discipline, devant lequel on puisse réclamer contre les punitions infligées par l'officier supérieur. Il est vrai que c'est par le commandant du vaisseau seul que les condamnations disciplinaires peuvent être prononcées, ou du moins approuvées.

La police du port appartient à l'ordonnateur; elle est exercée, sous son autorité, par l'officier commandant les brigades de gendarmerie chargées du service de l'arsenal.

D. Quel est l'acte du gouvernement qui règle la procédure à suivre devant les tribunaux maritimes?

R. Un arrêté du 5 germinal an XII détermine la manière de procéder devant le conseil de guerre maritime spécial, chargé de juger les marins qui ne se rendent pas à leur poste ou qui désertent.

Quand il y a lieu d'examiner la conduite des officiers généraux, capitaines de vaisseau et autres officiers commandant des escadres ou bâtiments de l'état, le chef du gouvernement peut faire assembler, à cet effet, un conseil de marine dans tel port qu'il juge convenable.

En cas de perte d'un vaisseau de l'état, l'officier qui le commande est d'ordinaire traduit devant un conseil de marine, qui examine s'il a fait tout ce qu'exigeaient les circonstances, pour empêcher ce sinistre.

D. Quelles sont les attributions des conseils de justice et des conseils de guerre maritimes?

R. Ces attributions se trouvent réglées par un décret du 22 juillet 1806.

Les conseils de justice prononcent sur les délits emportant la peine de la cale ou de la bouline. Ils sont convoqués et présidés par le capitaine du bâtiment sur lequel est embarqué le prévenu. Quatre officiers désignés, autant que cela est possible, parmi ceux qui se trouvent à bord, lui sont adjoints, pour composer le tribunal.

S'il résulte de l'examen d'une affaire portée devant le conseil de justice, que la peine à appliquer est plus grave que celle de la cale ou de la bouline, le conseil se déclare incompétent, et renvoie le prévenu devant qui de droit.

Quand il s'agit de délits plus graves que ceux dont peut connaître le conseil de justice, les accusés sont renvoyés devant un conseil de guerre convoqué, soit par le commandant de l'armée navale, soit par les ordres du chef du gouvernement, selon que les personnes inculpées n'ont pas ou ont le grade ou le rang d'officier.

D. N'existe-t-il pas encore un autre tribunal, dans cette juridiction spéciale?

R. Oui : c'est le tribunal maritime institué par une ordonnance du 12 novembre 1806.

Ce tribunal est chargé de statuer sur les délits commis dans les ports et arsenaux, et qui sont relatifs, soit à leur police ou sûreté, soit au service maritime. Ce tribunal connaît aussi des crimes de piraterie.

D. Peut-on se pourvoir en révision contre les jugements rendus par les tribunaux maritimes?

R. Oui, ces jugements sont soumis à révision ; mais il n'existe pas de tribunal permanent chargé de statuer sur le recours formé par le commissaire rapporteur, ou par le condamné.

Pour décider s'il y a lieu d'admettre ou de rejeter le recours, qui ne peut avoir lieu que pour violation des formes prescrites ou fausse application de la loi, il est formé un conseil de révision composé du préfet maritime, du chef militaire, du chef d'administration, du président et du chef du parquet, près le tribunal de première instance.

Si ces officiers et magistrats, après examen des pièces, décident que le jugement a été rendu dans les formes déterminées par la loi, et que la peine a été légalement appliquée, ils approuvent le jugement, le signent ; et il est exécuté dans les vingt-quatre heures.

Au contraire, s'ils reconnaissent, à la majorité des voix, que le jugement a été illégalement rendu, ils en ordonnent la révision, fondée sur l'article de la loi, dont ils rapportent le texte dans leur procès-verbal.

Dans ce cas, le préfet maritime, est tenu de convoquer sur-le-champ un autre tribunal maritime qui statue sur le sort de l'accusé.

VINGT-SIXIÈME ET DERNIÈRE LEÇON.

Haute cour nationale. Sa compétence. Ses attributions.

D. Les tribunaux ordinaires ou exceptionnels que vous venez de nous faire connaître successivement, peuvent-ils statuer sur toutes sortes d'accusations, et abstraction faite de la qualité des accusés?

R. Non; en dehors de ces juridictions ordinaires et exceptionnelles, il a presque toujours existé en France, sous des noms divers, un haut tribunal politique, pour prononcer sur les accusations portées contre les grands dépositaires du pouvoir, et sur les attentats commis par les simples particuliers contre l'état.

D. Quel est le premier tribunal de ce genre créé après la révolution de 1789?

R. Un décret du 15 mai 1791 institua une haute cour nationale, composée d'un haut jury et de quatre grands juges, chargés de diriger l'instruction et d'appliquer la loi, après la décision du haut jury sur le fait.

D'après l'article 2 de ce décret, lors des élections pour la législature, les électeurs de chaque département devaient nommer, au scrutin, deux citoyens ayant les qualités nécessaires pour être députés au corps législatif, dont les noms seraient inscrits sur le tableau du haut jury, pendant tout le cours de cette législature.

La liste générale du haut jury devait être formée et publiée par le corps législatif, d'après l'élection de deux membres faite par chaque département.

Les quatre grands juges devaient être choisis parmi les membres du tribunal de cassation.

D. Quelles étaient les attributions de cette cour, et par qui pouvait-elle être convoquée, d'après le décret de 1791?

R. Voici ce qu'on lit dans l'article 4 du décret :

« La haute cour nationale connaîtra de tous les crimes et délits dont le corps législatif se portera accusateur.

» Elle ne se formera (est-il dit dans l'article 3) que quand le corps législatif aura porté un décret d'accusation. »

D. Faites-nous connaître les modifications apportées à l'institution de ce tribunal, par la constitution du 3 septembre 1791 et par la loi du 29 août 1792.

R. La constitution détermina, d'une manière plus explicite, les attributions de la haute cour nationale; en effet, l'art. 23 du chap. 5 est ainsi conçu :

« Une haute cour nationale, formée de membres du tribunal de cassation et de hauts jurés, connaîtra des délits des ministres et agents principaux du pouvoir exécutif, et des crimes qui attaqueront la sûreté générale de l'état, lorsque le corps législatif aura rendu un décret d'accusation. »

Aux termes du décret du 29 août 1792, les jugements de la haute cour nationale n'étaient pas sujets au recours en cassation.

Du reste, avant même d'avoir fonctionné, ce grand tribunal politique fut supprimé, par un décret du 25 novembre 1792.

D. Sous quelle dénomination, et avec quelles attributions fut-il rétabli par la constitution de l'an III?

R. Il le fut, sous le titre de *haute cour de justice*, pour juger les accusations admises par le corps législatif, soit contre ses propres membres, soit contre ceux du directoire exécutif.

Ainsi, sous l'empire de cette constitution, c'était la qualité de l'accusé, plutôt que la nature du crime, qui déterminait la compétence de la haute cour.

D'ailleurs, son organisation était la même qu'en 1791, avec cette différence, qu'elle devait être composée de cinq juges, au lieu de quatre; et qu'on y avait attaché deux accusateurs nationaux tirés du tribunal de cassation.

D'après la constitution de l'an III, ce grand tribunal politique ne pouvait aussi se former, que sur une proclamation du corps législatif, qui indiquerait la ville où il tiendrait ses séances, à trente lieues au moins de la capitale.

D. La haute cour de justice fut-elle convoquée sous la constitution de l'an III ?

R. Elle le fut pour juger la conspiration de Babeuf, dans laquelle se trouvait compromis Drouet, membre du conseil des cinq cents.

A cette occasion, une loi du 24 messidor an IV décida que tous prévenus mis en état d'arrestation, pour complicité dans un crime, à raison duquel un représentant du peuple ou un membre du directoire exécutif sont mis en accusation par le corps législatif, seront traduits à la haute cour de justice, pour y être jugés, conjointement avec le représentant du peuple, ou le membre du directoire accusé du même délit.

D. La constitution consulaire du 21 frimaire an VIII ne modifia-t-elle pas d'une manière grave les attributions de la haute cour de justice ?

R. D'après l'article 97 de cette constitution, les fonctions des membres, soit du sénat, soit du tribunat, soit du corps législatif, n'entraînaient aucune responsabilité, et ne pouvaient, dès lors, donner lieu à aucune poursuite.

Aussi, pour les délits personnels des membres de ces grands corps de l'état, emportant peine afflictive on infamante, l'article suivant les soumettait à la juridiction des tribunaux ordinaires, après qu'une délibération du corps auquel appartenait le prévenu aurait autorisé la poursuite.

Quant aux ministres, l'article 72 les déclarait responsables : 1° de tout acte du gouvernement signé par eux, et déclaré inconstitutionnel par le sénat ; 2° de l'inexécution des lois et des règlements d'administration publique; 3° des ordres particuliers qu'ils avaient donnés, si ces ordres étaient contraires à la constitution, aux lois ou aux règlements.

« Dans le cas de l'article précédent (était-il dit ensuite dans l'article 73), le tribunat dénonce le ministre, par un acte sur lequel le corps législatif délibère dans les formes ordinaires, après avoir entendu ou appelé le dénoncé. Le ministre mis en jugement par un décret du corps législatif est jugé par une haute cour, sans appel et sans recours en cassation. La haute cour est composée de juges et de jurés. Les juges sont choisis par le tribunal de cassation et dans son sein; les jurés sont pris dans la liste nationale; le tout, suivant les formes que la loi détermine. »

Ainsi, sous l'empire de la constitution de l'an VIII, la haute cour n'était appelée à juger que les ministres; et sa juridiction était plutôt politique que criminelle.

D. La haute cour fut-elle maintenue par la constitution de l'empire?

R. Le sénatus-consulte organique du 28 floréal an XII a institué de la manière la plus complète, et en lui conférant les attributions les plus larges, ce grand tribunal politique, alors nommé *haute cour impériale.*

D'après l'article 101 de ce sénatus-consulte, la haute cour devait connaître :

1° Des délits personnels commis par les membres de la famille impériale; par les titulaires des grandes dignités de l'empire, par les ministres et par le secrétaire d'état, par les grands officiers, par les sénateurs et par les conseillers d'état;

2° Des crimes, attentats et complots contre la sûreté intérieure et extérieure de l'état, la personne de l'empereur et celle de l'héritier présomptif de l'empire ;

3° Des délits de responsabilité d'office, commis par les ministres et les conseillers d'état chargés spécialement d'une partie de l'administration publique ;

4° Des prévarications et abus de pouvoir commis, soit par des capitaines généraux des colonies, des préfets coloniaux et des commandants des établissements français hors du continent, soit par des administrateurs généraux employés extraordinairement, soit par des généraux de terre et de mer, sans préjudice, à l'égard de ceux-ci, des poursuites de la juridiction militaire, dans les cas déterminés par les lois ;

5° Du fait de désobéissance des généraux de terre et de mer qui contreviendraient à leurs instructions ;

6° Des concussions et dilapidations, dont les préfets se rendent coupables, dans l'exercice de leurs fonctions ;

7° Des forfaitures ou prises à partie qui peuvent être encourues par une cour d'appel, ou par une cour de justice criminelle, ou par des membres de la cour de cassation ;

8° Des dénonciations pour cause de détention arbitraire, et des violations de la liberté de la pensée.

D. Comment devait être formée la haute cour impériale ?

R. Ce grand tribunal n'admit plus, dès lors, l'élément populaire et démocratique dans sa constitution.

En effet, son siége était dans le sénat. La haute cour devait être présidée par l'archi-chancelier, ou, à son défaut, par un autre grand officier de l'empire.

Elle était composée des princes, des titulaires des grandes dignités et grands officiers de l'empire, du grand juge ministre de la justice, de soixante sénateurs, des six présidents des sections du conseil d'état, de quatorze conseillers d'état et de vingt membres de la cour de cassation.

Un procureur général nommé à vie par l'empereur devait être attaché à la haute cour, pour y exercer les fonctions du ministère public, avec l'assistance de trois membres du tribunal, désignés chaque année par le corps législatif, et de trois magistrats nommés aussi tous les ans par l'empereur, parmi les officiers des cours d'appel ou des cours de justice criminelle.

Du reste, il faut remarquer, d'une part, que le personnel de la haute cour impériale répondait à l'importance de ses attributions ; d'autre part, que si elle offrait des garanties au chef du gouvernement et à l'état lui-même, elle protégeait aussi, d'une manière efficace, les simples citoyens contre les abus de pouvoir dont ils auraient pu être victimes.

D. La haute cour de justice a-t-elle continué à exister, sous la restauration et la monarchie constitutionnelle de 1830?

R. Non ; ses attributions ont été conférées par la charte de 1814, à la chambre des pairs, érigée en cour de justice.

Voici les dispositions qu'elle contient à cet égard :

Art. 33. « La chambre des pairs connaît des crimes de haute trahison et des attentats à la sûreté de l'état, qui seront définis par la loi. »

Art. 34. « Aucun pair ne peut être arrêté que de l'autorité de la chambre, et jugé que par elle, en matière criminelle. »

Art. 55. « La chambre des députés a le droit d'accuser les ministres, et de les traduire devant la chambre des pairs, qui seule a le droit de les juger. »

Art. 56. « Ils ne peuvent être accusés que pour fait de trahison ou de concussion. Des lois particulières spécifieront la nature des délits et en détermineront la poursuite. »

D. A-t-il été rendu, depuis la charte, une loi ou ordonnance, pour l'organisation de la chambre des pairs en cour de justice?

R. Oui; c'est l'ordonnance du 18 avril 1821.

D'après cette ordonnance, le procureur général ne peut agir, dans les cas prévus par l'article 33, s'il n'est provoqué soit par le flagrant délit, soit par une ordonnance du roi, qui défère à la cour des pairs le crime dénoncé.

Il ne peut également agir, *comme partie*, dans le cas prévu par l'article 55. Il est seulement entendu sur l'accusation, et requiert, dans le cours de l'instruction et des débats, pour la régularité des formes, et avant le jugement, pour l'application de la loi.

Sauf l'article 56 qui a été supprimé, les autres articles que nous venons de citer se trouvent reproduits littéralement dans la charte de 1830.

Du reste, et quoique la loi qui devait définir les crimes et délits, dont la connaissance était attribuée à la cour des pairs n'ait jamais été rendue, cette cour n'en a pas moins exercé sa juridiction, dans toutes les circonstances prévues par la charte.

Ainsi, elle a eu à statuer sur des crimes et attentats

contre la personne du souverain et contre la sûreté de l'état; sur des accusations portées contre les ministres, et sur des crimes commis par quelques-uns de ses propres membres.

D. Veuillez nous faire connaître les principales dispositions de la Constitution du 4 novembre 1848, sur cette matière.

R. La Constitution votée par la chambre des représentants a rétabli un grand tribunal politique, sous le titre de *haute cour de justice*, que lui avait donné la constitution de l'an III.

Elle a réglé tout à la fois la compétence et la composition de cette cour.

D'après l'art. 91 : « Une haute cour de justice juge, sans appel ni recours en cassation, les accusations portées par l'Assemblée nationale, contre le président de la République ou les ministres.

» Elle juge également toutes personnes prévenues de crimes, attentats ou complots contre la sûreté intérieure ou extérieure de l'état, que l'Assemblée nationale aura renvoyées devant elle.

» Sauf le cas prévu par l'art. 68, elle ne peut être saisie qu'en vertu d'un décret de l'Assemblée nationale, qui désigne la ville où la haute cour tiendra ses séances. »

Cet article 68, auquel se réfère l'art. 91, attribue une sorte de juridiction d'office, à la haute cour, dans une circonstance spéciale, celle où le président de la République se rendrait coupable du crime de haute trahison, soit en dissolvant ou prorogeant l'Assemblée nationale, soit en mettant obstacle à l'exercice de son mandat.

« Dans ce cas (dit l'art. 68), les juges de la haute cour se réunissent immédiatement, à peine de forfaiture; ils convoquent les jurés dans le lieu qu'ils désignent, pour procéder au jugement du président et de ses complices. Ils nomment de même les magistrats chargés de remplir les fonctions du ministère public. »

La dernière disposition de l'article est ainsi conçue : « Une loi détermine les autres cas de responsabilité, ainsi que les formes et les conditions de la poursuite. »

D. Comment est composée la haute cour de justice, d'après la Constitution de 1848 ?

R. La haute cour de justice est composée de cinq juges et de trente-six jurés.

Chaque année, dans les quinze premiers jours du mois de novembre, la cour de cassation nomme parmi ses membres, au scrutin secret et à la majorité absolue, les juges de la haute cour, au nombre de cinq, et de deux suppléants. Les cinq juges appelés à siéger feront choix de leur président.

Les magistrats remplissant les fonctions du ministère public sont désignés par le président de la République; et en cas d'accusation du président ou des ministres, par l'Assemblée nationale.

Les jurés, au nombre de trente-six et quatre suppléants, sont pris parmi les membres des conseils généraux des départements. Les représentants du peuple n'en peuvent faire partie (art. 92).

D. De quelle manière est formé le jury de la haute cour de justice ?

R. Lorsqu'un décret de l'Assemblée nationale a ordonné la formation de la haute cour de justice, et dans le cas prévu par l'art. 68, sur la réquisition du président ou de l'un des juges, le président de la cour d'appel, ou, à défaut de cour d'appel, le président du tribunal de première instance du chef-lieu judiciaire du département, tire au sort, en séance publique, le nom d'un membre du conseil général (art. 92).

Au jour indiqué pour le jugement, s'il y a moins de soixante jurés présents, ce nombre sera complété, par des jurés supplémentaires tirés au sort par le président de la haute cour, parmi les membres du conseil général du département où siégera la cour (art. 94.)

L'accusé et le ministère public exercent le droit de récusation, comme en matière ordinaire (art. 96).

La déclaration du jury, portant que l'accusé est coupable, ne peut être rendue, qu'à la majorité des deux tiers des voix (art. 92).

D. La haute cour de justice est-elle seule compétente pour juger les ministres, dans toutes les circonstances, où il peut y avoir lieu à diriger des poursuites contre eux?

R. Dans les cas de responsabilité des ministres, l'Assemblée nationale peut, suivant les circonstances, renvoyer le ministre inculpé, soit devant la haute cour de justice, soit devant les tribunaux ordinaires, pour les réparations civiles (art. 98).

Un ministre peut être responsable, quoique le fait qu'on lui impute ne constitue ni un crime ni un délit; et c'est alors que, n'y ayant pas de peine à lui appliquer, il peut être renvoyé devant les tribunaux ordinaires.

L'art. 97 de la Constitution contient une disposition semblable, relativement aux fonctionnaires dont les actes peuvent être déférés au conseil d'état, au lieu de les traduire eux-mêmes, comme accusés, devant la haute cour de justice.

Mais aux termes de l'article 100, le président de la République n'est justiciable que de cette cour. Sauf le cas prévu par l'art. 68, il ne peut être poursuivi que sur l'accusation portée par l'Assemblée nationale, et pour crimes ou délits qui seront déterminés par la loi.

FIN.

Paris. — Imprimerie Dondey-Dupré, rue Saint-Louis, 46, au Marais.

TABLE DES MATIÈRES.

Première Partie.

Des Gouvernements en général.—Organisation du Gouvernement de la France.—Principes qui servent de base à notre Constitution. (De la page 1 à la page 23.)

Pages.

1re Leçon. — Des Nations. — Des Gouvernements et des Lois... 1

2me Leçon. — Du Gouvernement de la France. — Ses éléments, d'après la Constitution qui l'a fondé........ 3

3me Leçon. — Principes que consacre le Gouvernement républicain. — Comment ils doivent être entendus.— Liberté, Égalité............................ 7

4me Leçon. — De la Fraternité.............................. 11

5me Leçon. — Des droits à exercer par les citoyens.—Des devoirs qu'ils ont à remplir envers la société. 15

6me Leçon. — Distinction des pouvoirs.— Le pouvoir législatif, le pouvoir exécutif, le pouvoir administratif et le pouvoir judiciaire.......................... 20

Deuxième Partie.

Organisation administrative de la France. (De la page 24 à la page 54.)

7me Leçon. — Fonctionnaires publics et agents de l'autorité, dans chaque circonscription territoriale.—Communes.—Maires, conseillers municipaux, curés ou desservants.......................... 24

Pages.

8me Leçon. — Commissaires de police, instituteurs, percepteurs, commissaires-répartiteurs, gardes champêtres, agents-voyers 28

9me Leçon. — Officiers publics et ministériels, auxquels on est obligé de recourir, dans certaines circonstances, notaires, huissiers........................ 32

10me Leçon. — Canton, arrondissement, sous-préfets, fonctionnaires divers. 36

11me Leçon. — Département, préfet, conseil général du département........................ 40

12me Leçon. — Conseil de préfecture, agents supérieures des divers services, qui siégent au chef-lieu de département 44

13me Leçon. — Capitale de la France.— Président de la République.—Assemblée nationale. — Ministres.— Directeurs généraux........................ 48

Troisième Partie.

Organisation et attributions de l'autorité judiciaire, dans les divers degrés. (De la page 55 à la page 95.)

14me Leçon. — De l'autorité judiciaire.—Son but : Défendre les intérêts des citoyens et ceux de la société.... 55

15me Leçon. —Juges de paix, aux chefs-lieux de canton.—Objets de leur compétence, en matière civile et de police.—Conciliation.—Autres attributions diverses........................ 60

16me Leçon. — Tribunaux civils. Leur compétence.—Cours d'assises. Lieux où elles siégent. Comment elles se composent.—Tribunaux de commerce ... 67

17me Leçon. — Cours d'appel. Leur nombre, leurs attributions. 75

Pages

18me Leçon. — Officiers ministériels et défenseurs près des divers tribunaux.—Conseils à cet égard....... 80

19me Leçon. — Cour de cassation.—Ses attributions, son siége, son organisation........................ 85

20me Leçon. — Greffiers institués auprès des divers tribunaux. Importance de leurs fonctions............. 92

Quatrième Partie.

Tribunaux administratifs, exceptionnels et spéciaux, en dehors des juridictions ordinaires. (*De la page* **96** *à la page* **148**.)

21me Leçon. — Conseils de préfecture. Leur compétence, leurs principales attributions.................. 96

22me Leçon. — Conseil d'État. Ancienneté de cette institution; ses modifications successives ; son organisation nouvelle. — Tribunal des conflits....... 102

23me Leçon. — Cour des comptes. Son organisation, ses attributions. Utilité de son concours, pour la régularité de la comptabilité des deniers publics.................................. 112

24me Leçon. — Conseils des prud'hommes. Leur organisation, leur compétence.......................... 120

25me Leçon. — Tribunaux spéciaux, pour l'armée de terre et de mer................................ 129

26me *et dernière* Leçon. — Haute cour nationale. Sa compétence, ses attributions.................. 137

FIN DE LA TABLE.

Imprimerie Dondey-Dupré, rue Saint-Louis, au Marais, 46.

BIBLIOTHÈQUE NATIONALE
R.F.

www.ingramcontent.com/pod-product-compliance
Ingram Content Group UK Ltd.
Pitfield, Milton Keynes, MK11 3LW, UK
UKHW022104190726
13855UKWH00002B/638

9 782012 982185